The Songs of Queen Lili'uokalani

The Songs of Queen Lili'uokalani

Lili'uokalani

MINT EDITIONS

The Songs of Queen Lili'uokalani was first published in 1897.

This edition published by Mint Editions 2024.

ISBN 9798888971116 | E-ISBN 9798888971178

Published by Mint Editions®

minteditionbooks.com

Song, Hymns, Dances, and Thrills
of the
Present and Ancient
days of
Hawai'i

Contents

He Mele Lahui Hawai'i	15
The Hawai'ian National Anthem	17
Liluokalani's Prayer	19
Aloha 'Oe	21
Farewell to Thee	23
The Queen's Jubilee	24
The Queen's Jubilee	25
Ka 'Ōiwi Nani	26
Beautiful One	27
Ka Wai Māpuna	28
The Water Spring	29
Nani Nā Pua	30
The Flowers of Koolau	32
Puīa Ka Nahele	33
The Fragrant Woods	34
Puna Paia 'A'ala	35
Puna's Bowery Walls	36

AHE LAU MAKANI	37
THERE IS A BREATH	38
HE PULE	39
A PRAYER	40
A CHANT	41
PLYMOUTH COLLECTION	42
HE KANIKAU NO LELEIOHOKU	43
KE AHE LAU MAKANI	45
MAIKAI WAIPIO	49
LOVELY WAIPIO	50
LIKO PUA LEHUA	51
TENDER LEAVES OF THE LEHUA FLOWER	52
'IMI AU IĀ 'OE E KE ALOHA	53
I HAVE SOUGHT THEE MY BELOVED	55
KE ANO LAI MAI NEI KA NAHELE	57
THE WOODS ARE HUSHED IN CALM REPOSE	58
HE LEI NA HE ALOHA	59
A WREATH FROM MY BELOVED	61
TŪTŪ	63

TUTU	64
KĒHAULANI	65
KĒHAULANI	66
KA IPO NOHEA	67
GEM OF BEAUTY	68
BY AND BY, HOI MAI OE	69
BY AND BY THOU WILT RETURN	70
LILIKOʻI	71
LILIKOʻI	73
E KALA KUʻU ʼUPU ʼANA	74
LONG YEARS HAVE I YEARNED FOR THEE	75
IKE IA PELEKANE	76
TO SEE BRITANNIA	77
KA WAIʻAPO LANI	78
HEAVENLY SHOWERS	79
KUʻU PUA I PAOAKALANI	80
MY FLOWER AT PAOAKALANI	82
HAWAIʼI PONOʼĪ	84
ANAHULU	86

He Ala Nei E Mapu Mai Nei	87
Where Art Thou	89
Ka Hanu O Evalina	90
He 'Ai Na Kalani	92
Ka Hae Kalaunu	94
He Inoa No Kapili Likelike	96
He Inoa No Ka'iulani	98
He Inoa No Kaiulani II	100
He Inoa No Kaiulani III	101
He Inoa No Kaiulani IV	102
He Inoa No Kaiulani V	103
He Inoa No Kaiulani VI	104
He Inoa No Poliala	105
Burning Love	106
Circling Clouds	107
Ke Aloha 'Āina	108
Pauahi O Ka Lani	110
Mahalo Wau 'O Ka Nani	112
La'i Au Ē	113

Uluhua	115
Ka Hanu O Hanakeoki	117
Apapene	119
Sanoe	121
Pipili Ka Ua I Ka Nahele	122
Ka Makani Lawakua	123
Ka Makani Līhau Pua	124
Ninipo Hoʻonipo	126
Nau No Oe	127
Pride of Waiehu	129
Akahi Ko'u Manehe	130
Nolunolu Hulei	132
Aia I ka Iu Ka Welina	133
Kahi Manu Lauwili	134
Ka Wiliwili Wai	135
Ukiuki Au	137
Kaua 'O 'Oe E Ke Aloha	139
Maoli Io No Waialeale	140
Hele A Kala'e	141

Manu Kapalulu	142
Ho'oipo I Ke Ao Po'onui O Puna	144
Ku'u Lei Mokihana	145
Kau Kehakeha	147
Ke Anu E Kō Mai Nei	148
Kilkioulani	149
Olivia Taravase	150
I Haleakala Ka Olu	151
Be Still My Heart	152
E Lili Aku Ana Wau	154
Sweet Little Linnet	156
He Ala Nei He Ala	158
Ipo Lei Liko Lehua	160
Nou E Ka Aluna Ahiahi	162
Ehehene Ko 'Aka	164
He Ali'i No Wau	165
Ko Hanu Ka'u E Li'a Nei	167
Hosio	169
E 'Ae Paha Wau I Ka Ualo	171

PAOAKALANI	172
IKE IA LADANA	174
THOU E KA NANI MAE OLE	176
HOINAINAU MEA IPO KA NAHELE	178
KOKOHI	180
NANI HAILI PŌ I KA LEHUA	182
MAKALAPUA	183
E POINA IA ANEI NA HOA	185
JUBILI O VIKOLIA	186
HE IONA NO KALANIKAUIKAMOKU LILIUOKALANI	188
HE IONA NO KALANIKAUIKAMOKU LILIUOKALANI II	189
KA HUNA KAI	190
HOONANEA A HOOKUENE O LILIU	191
HE INOA WEHI NO KA LAMIAMAOLE	193
HE INOA WEHI NO KA LAMIAMAOLE II	194
HE INOA WEHI NO KA LAMIAMAOLE III	195
HE INOA WEHI NO KA LAMIAMAOLE IV	196
KA WAI ONIAKA	197
A HILO WAU E	199

PUA ILUNA KA NOHEA	200
FOND DELIGHT	202
ULA KALAELOA	204
AH YOU ROGUEY	206

He Mele Lahui Hawai'i

I.

Ka makua mana loa,
    Maliu mai ia mākou
E haliu aku nei
    Me ka na'au ha'aha'a
E mau ka maluhia
    O nei pae 'äina
Mai Hawai'i a Ni'ihau,
    Ma lalo o kou malu.

Ho'ōho, –

    E mau ke Ea o ka 'Aina
        Ma kou pono mau
    A ma kou mana nui,
        E ola, e ola ka mō'i.

II.

E ka haku mālama mai
    I ko makou nei mō'i
E mau kona noho 'ana
    Maluna o ka Noho Ali'i
Ha'awi mai i ke aloha
    Ma loko o kona na'au
A ma kou ahonui
    E ola, e ola ka mō'i.

Ho'ōho, –

    E mau ke, etc., etc.

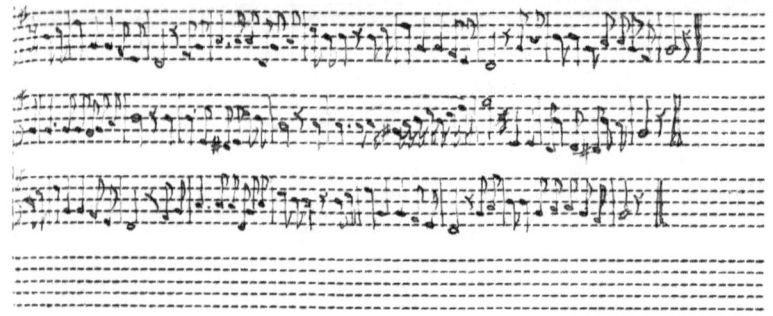

III.

Ma lalo o kou aloha nui
    Na Li'i o ke Aupuni
Me na maka'ainana
    Ka lehulehu nō a pa
Kia'i mai ia lākou

    Me ke aloha ahonui

E ola no mākou

    I kou mana mau

Hoʻōho,–

    E mau ke, etc., etc.

The Hawai'ian National Anthem

He Mele Lahui Hawaii.

I.

Almighty Father bend thine ear
    And listen to a nation's prayer
That lowly bows before thy throne
    And seeks thy fostering care
Grant your peace throughout the land
    O'er these sunny sea girt isles,
Keep the nation's life, oh Lord,
    And on our sovereign smile.

II.

Guard him with your tender care
    Give him length of years to reign
On the throne his Fathers won
    Bless the nation once again
Give the king your loving grace
    And with wisdom from on high
Prosperous lead his people on
    As beneath your watchful eye.

Grant your peace, etc., etc., etc.

III.

Bless O Lord our country's chiefs
    Grant them wisdom so to live
That our people may be saved
    And to thee the glory give

Watch o'er us day by day
   King and people with your love
For our hope is all in thee
   Bless us, You who reign above

Grant your peace, etc., etc., etc.

Translation of He Mele Lahui Hawaii.

Liluokalani's Prayer[1]

Ke Aloha O Ka Haku
The Lord's Mercy

I.

'O kou aloha nō,
Aia i ka lani,
A 'o kou 'oia'i'o,
He hemolele ho'i.

II.

Ko'u noho mihi 'ana,
A pa'ahao 'ia,
'O'oe ku'u lama,
Kou nani ko'u ko'o.

III.

Mai nānā 'ino'ino
Na hewa o kanaka,
Akā, e huikala,
A ma'ema'e nō.

I.

Oh! Lord thy loving mercy,
Is high as the heavens,
It tell us thy truth
And 'tis filled with holiness.

II.

Whilst humbly meditating,
Within these walls
imprisoned,
Thou art my light my haven,
Thy glory my support

III.

Oh! Look not on their
feelings,
Nor on the sins of men,
Forgive with loving kindness,
That we might be made pure.

---

1. Lovingly dedicated to her niece, Victoria Kaiulani.

IV.

No laila e ka haku,
Malalo o kou 'eheu
Kō mākou maluhia,
A mau loa aku nō. 'Amene.

IV.

For thy grace I beseech thee,
Bring us neath thy protection,
Any peace will be our portion,
Now and forever more, Amen.

Composed during my imprisonment Iolani Palace
by the Missonary party who overthrew March 22d 1895
my government.

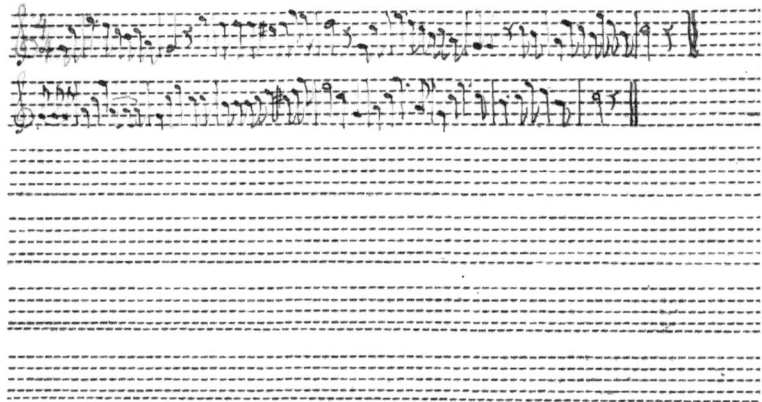

Aloha 'Oe

I.

Ha'aheo ka ua i na pali
    Ke nihi a'e la i ka nahele,
E hahai ana paha i ka liko,
    Pua 'ahihi lehua o uka.

Ho'ōho,—

    Aloha 'oe, aloha 'oe
    E ke onaona noho i ka lipo,
    A fond embrace a ho'i a'e au,
    Until we meet again.

II.

'O ka hali'a 'loha i hiki mai,
    Ke hone a'e nei ku'u manawa,
'O 'oe nō ka'u ipo aloha,
    A loko e hana nei.

Hoʻōho,—

    Aloha ʻoe, aloha ʻoe, etc.,etc.

III.

Mao popo kuʻu ʻike i ka nani,
    Na i pua rose o Maunawili,
I laila hiaʻai nā manu,
    Mikiʻala i ka nani o ka liko.

Hoʻōho,—

    Aloha ʻoe, aloha ʻoe, etc.,etc.

Farewell to Thee

I.

Proudly swept the rain by the cliffs
    As on it glided through the trees
Still following ever the "liko,"
    The Ahihi lehua of the vale.

Chorus,—

    Farewell to thee, farewell to thee,
    Thou charming one who dwells in shaded bowers
    One fond embrace ere I depart
    Until we meet again.

II.

Thus sweet memories come back to me,
    Bringing fresh remembrance of the past
Dearest one, yes, thou art mine own,
    From thee, true love shall ne'er depart.

Chorus,—

    Farewell to thee, etc.

III.

I have seen and watched thy loveliness,
    Thou sweet Rose of Maunawili
And 'tis there the birds oft love to dwell
    And sip the honey from thy lips.

Chorus,—

    Farewell to thee, etc.

The Queen's Jubilee

I.

Mahalo piha, mō'i o 'Enelani,
    Ku'i kou kaulana na 'aina a pau,
Nā kai 'ākau na one hema
    'Ikeakou 'ihi mana nui.
Eia makou' i kou kapa kai
    I kou la nui jubili,
I hi'i mai i ko mākou aloha,
    Maluna ou ka malu o ka lani.

II.

Hau'oli oli, emepela o 'Inia,
    I kēia makahiki jubili,
'Akoakoa nā ali'i 'aimoku
    A puni ke ao holo'oko'a
E hi'ilani, e mililani,
    Ua hui pū 'ia me Hawai'i.
E uhi mai ka lani i kona nani,
    E ola ka mō'i i ke akua.

The Queen's Jubilee

I.

All hail to thee Great Queen of England,
    Fair Queen who rul'st o'er land and sea,
From Northern Seas to Southern shores
    Thy sway is known both far and near
We come to thy shores most gracious Lady,
    On this great day of thy Jubilee
To bring kind greetings from afar,
    May Heaven bless thee, long mayst thou reign.

II.

All hail, all hail, Empress of India,
    In this thy year of Jubilee,
Now Kings and Queens and Princes great
    Have all assembled here today
To pay due homage and reverent love
    Hawai'i joins with loyal fervor
May Heaven shed her smiles on thee,
    God bless the Queen, long may she live.

Alexandra Hotel London
June 20 – 1887

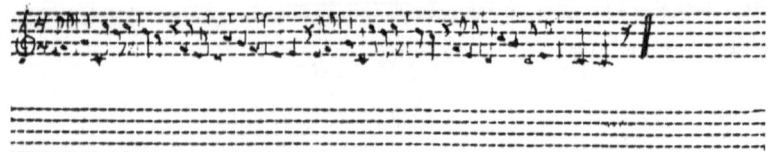

Ka 'Ōiwi Nani

I ke ahiahi Po'akolu
    Ku'u 'ike 'ana iho
He'alele waha 'ole na ke aloha
    E 'i mai ana ia'u:

Ho'ōho,—

    E i mai ana 'i mai ana,
    Aia Ke'ala i ka nahele,
    Kahii walea ai,
    I ka 'olu o ia uka..

A he nani 'ï'o no ia pua
    Me he La'i pala ala ka memele,
Ka 'ōiwi nani o ke kamakahala,
    Lamalama i ka uka o Lanihuli.

Ho'ōho,—

    E i mai ana, etc., etc.

Beautiful One

I.

It was on a Wednesday evening
    That tidings came to me
'Twas a voiceless message from my loved one
    And thus it said to me

Chorus,—

    And thus it said, thus it said to me
    Keala has gone to the woodland
    And while on her downy bed of Palai reclining,
    She inhales the sweet breath of the flowers.

II.

Bright and lovely indeed is that flow'ret
    Like the Lā'ī pala so fair,
Or the beautiful form of Kamakēhala
    That sheds radiance o'er all Lanihuli.

Chorus,—

    And thus it said, thus it said to me, etc., etc.

KA WAI MĀPUNA

I.

Ka wai māpunapuna lā
   E nawe malie nei i ka la'i
Lipo lipo launa 'ole lā
   Kau wahi 'ale 'ole iho.

Ho'ōho,—

   Kokōhi i ka 'ono
   Unahe i ka poli,
   Ka wai o Lohia.
   Pahe'e ka momoni
   A he 'olu ka ihona iho.

II.

Lei ana Hiku i ka noe lā
Ho'ohihi Lihau i ka lipo lā,
Anahe 'o ia ala e inu lā
Ka wai 'ula ili ahi.

Ho'ōho,—

   Kokōhi i ka 'ono, etc., etc.

The Water Spring

I.

From sparkling spring the waters clear,
    Glide on so smoothly o'er the lea,
Of deepest blue without compare,
    Roll on without a rippling wave.

Chorus,—

  Then tarry I pray to thee,
  Thou waters of Lohia to cool this favered brow,
  I'd quaff thee and sip thee
  Thou sparkling waters of the lea.

II.

As Hiku with snowy wreath reclined
    From Lihau's heights espied the spring
Forth hastened down her thirst to leave
    From the sparkling waters of the lea.

Chorus,—

  Then tarry I pray to thee, etc.

Nani Nā Pua

I.

Nani nā pua Ko'olau
I memele i ka uka
Ka uka o kui Hana lei
I lei mau no ke aloha
'Auhea wale ana 'oe
Eka pua oka loke lani
'Oka 'oi aku nō 'oe
Ma mua o ka nae 'ala

II.

Mahalo au 'o ka nani
Nā lehua o Līhau,
He 'ala kūpaoa,
Anuanu o ka nahele,
I vili 'ia me ka maile
Lauli'i o Ko'iahi.
'Auhea lā ia pua,
'Akipohe o Halealoha.

III.

Ua ola nō kaua
I ka wai huna a ka manu
He 'ala pua pīkake

Huli au a hoʻomaʻū,
ʻAuhea wale ana ʻoe,
E ka pua ʻo ka Viliau
Hoʻi mai nō kāua,
E pili me ke aloha.

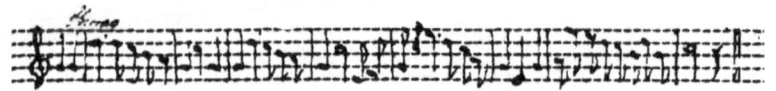

THE FLOWERS OF KOOLAU

I.

The flow'rs of Koolau in their beauty,
Fill the vale, fill with golden gleam
I cull and wreathe them for my lov'd one
At morn and night she fills my waking dream.
Where art thou fairest of all fair ones?
Where art thou sweetest of all sweets?
A flow'r of Paradise thou seemest
That the morning breeze ever kindly greets

II.

I praise thy beauty, thou my fair one,
Thou the flow'r art of flow'rs to me.
The "lehua" flower whose ardent sweetness
O'erpowers the wand'rer o'er the lea,
And I cry, "Where art thou, my loved one,
My spirit would dweel with thee.
To taste hours of tranquil pleasure
And wander 'neath Koi-ahi's tree.

III.

The trilling notes of hidden songsters,
As they sport round the jasmine bower.
Whose odor yet in mem'ry lingers,
Reminds of thee, the fairest flower;
Of Vil-i-au the sweetest blossom,
Without thee, my life is lone.
Come fill my hours with bliss, I pray thee,
My flower, my bird, my chief, and chosen one!"

Puīa Ka Nahele

I.

No kauka 'iu ika wao,
   Kea no hāli'ali'a
Kekau 'ana mai o ka 'āluna ahiahi,
   Hiki pū mai me aloha.

Ho'ōho,—

   Puīa ka nahele,
   Māpu mai ke 'ala
   He nahele nahele
   Ona 'ia enā mamu
   E ka 'Iwi 'Iwamaka Onaona,
   Ho'i mai kaua e pili nōe pili.

II.

Noe wale mai nōka nahele
   He ua nihi pali
Lehe ka lau, o ka Palai
   'Elo liu ua waahila

Ho'ōho,—

   Puia ka nahele, etc., etc.

The Fragrant Woods

I.

For the lovely woodland and dells
    Shall our fond songs ever be,
For as the shades of even draw nigh
    Bring cherished memories of thee.

Chorus,—

    How soft and sweetly fragrant the air
    In the deep blue woods where birds oft love to dwell
    Thou oh Iwi Iwa, bird with loveliest eyes
    Come thou back to me, oh never to be part again.

II.

Now see the mist pass o'er the trees
    Now closely press near the cliffs
    Gracefully droops the lead of the Palai
    Laden with crystals of the Waahila.

Chorus,—

    How soft and sweetly fragrant the air, etc., etc.

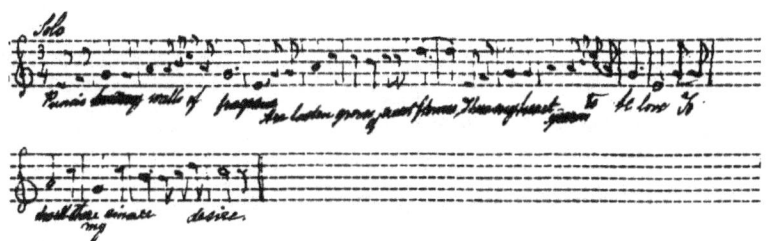

Puna Paia 'A'ala

I.

Iā Puna paia 'a'ala
    Pili mau na ke onaona
Ilaila ke kāunu 'ana
    Kau pono ana na kamana'o.

Ho'ōho,—

    Puna paia 'a'ala
    Kilihea ike onaona
    Ona wela i ke aloha,
    Ua lawa iā 'oe me a'u

II.

Ho'ohihi i ka nani
    Pua mai a ka lehua
Ānehe au e ki'i
    I pua kau no ku'u umauma

Ho'ōho,—

    Puna paia 'a'ala, etc., etc.

Puna's Bowery Walls

I.

Puna's bowery walls of fragrance
    Are laden groves of sweet flowers,
There my heart yearns to be love.
    To dwell there my sincere desire.

Chorus,—

    Puna's shaded bowers
    Are made redolent with perfume,
    Sweet in language, full of love,
    Binding over me and thee.

II.

So I long for thy image
    Bright flower of the Lehua,
I would take thee and pluck thee
    And press thee nearest to my heart.

Chorus,—

    Puna's shaded bowers, etc., etc.

Ahe Lau Makani

I.

He 'ala nei e māpu mai nei,
    Na ka makani lau aheahe
I lawe mai a ku'u nui kino
    Ho'opumehana i ku'u aloha.

Ho'ōho,—

    E ke hoa o ke
    Ahe lau makani,
    Halihali 'ala
    O ku'u 'āina.

II.

He 'ala nei e moani mai nei
Na ka ua noe Līlīlehua,
I lawe mai a ku'u poli
Ho'opumehana i ko leo.

Ho'ōho,—

    E ke hoa o ke, etc., etc.

There is a Breath

I.

There is a breath, so gently breathing
    So soft, so sweet by sighing breezes,
That as it touches my whole being,
    It brings a warmth unto my soul.

Chorus,—

    We, fair one, together
    Shall enjoy such memories
    While murmuring wind sweeps
    O'er my fatherland

II.

There is a breath, so soft and balmy,
    Brought by sweet zephyrs, Līlīlehua,
And while wharfed to my bosom,
    It brings a yearning for one I love.

Chorus,—

    We, fair one, together, etc., etc.

By the three paces of Hamohamo. 1868.

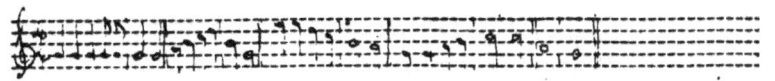

He Pule

I.

Nānā mai e Haku,
   I nā kauwā Āu,
E noi aku nei,
   I kou ahonui.

II.

Hānai mai iā mākou
   I ka mana Lani
Hoʻomau Kou ʻUhane
   I Ka naʻau mae mae

III.

Hoʻopakele i ā mākou
   Mai nō ʻino a pau
Hāʻawi lokonaikaʻi
   I ka mulhia.

IV.

No nā pōmaikaʻi
   E hoʻonani ʻia
Ka inoa o ka Makua
   Ke Keika me ka ʻUhane.
      ʻĀmene.

A Prayer

I.

Bend thine eyes on us oh Lord,
   We thy humble servants,
Who thy grace beseecheth,
   And thy loving care.

II.

Feed us all wh pray thee
   With the heavenly manna
Ever may thy spirit
   Purify our hearts.

III.

May thy loving watchfulness
   Guard us from all danger
Graciously bestowing
   Comfort and peace.

IV.

Now for all these bounties
   Praise we give to Thee
In the name of the Father
   Son and Holy Ghost
     Amen.

A Chant[2]

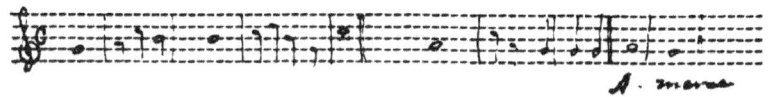

I. Inā e make ke kanaka, e ola hou a nei 'oia?
   'O nā lā a pau o ko'u au,
   E kali nō au, no ka lo li 'ana a'e, *Amene*.

II. He mana'olana ko ke lā'au ke kua 'ia i lalo,
    E 'ōmamaka hou a'e nō
    A 'o ka lālā 'o'ole'a, 'a 'ole nō a mae.

III. E mimino ana ke a'a i loko o ka lepo,
     Na ka wai na'e e ho'oma ū a kupu a'e,
     A puka a'e nā lālā me he mea kanu ala.

IV. 'O ke kanaka na'e, he mae wale, a na lo nō.
    'Ae, ua ho'oku'uaku 'oia ika 'uhane,
    A, 'auhea lā 'oia.

V. E like me nā wai mai ke kai mai
   Pēlā ke kanaka a moe ai, 'a 'ole ale hou,
   A hiki i ka pau 'ana onā lani.

VI. Auwē! Nāu wau a hūnā i ika lua ku pa pa'u,
    E hūnā'i ia'u ma kahi meharmeha, a pau kou hu hu,
    E ho'oka'awale a'e I manawa no'u, ae ho'omana'o ia'u.

VII. Ua 'ike nō wau, ua ola ku'u Ho'ōla,
     A e kū mei nō 'oia ma ka ho nua ika lā hope.
     E palahō wale ana kēia kino a ma ku'u io e 'ike nō au
     i ke Akua.
                    Amene.

---

2. Sung at the Funeral of the late Hon. Bernice P. Bishop, November 2nd, 1884.

Plymouth Collection[3]

I. If a man die shall he live again?
All the days of my appointed time, will I wait,
Till my change come.

II. For there is hope of a tree if it be cut down,
That it will sprout again,
And that the tender branch thereof will not cease.

III. Though the roots thereof wax old in the earth,
Yet through the scent of water it will but,
And bring forth boughs like a plant.

IV. But man dieth and waseth away
Yea man giveth up the ghost,
And were, oh! Where is he?

V. As the waters fall from the sea,
So man lieth down and riseth not,
Till the heavens be no more.

VI. O that Thou wouldst hide me in the grave,
That Thou wouldst keep me in secret, till thy wrath be past,
That Thou wouldst appoint me a set time, and remember me.

VII. For I know that my Redeemer liveth,
And that He shall stand in the latter day upon the earth,
And though worms destroy this body, yet in my flesh shall I see God.

Amen.

---

3. Hymn. . . 1134 . . . Chant. Job, 14th. Chap—14th, verse.

He Kanikau No Leleiohoku

I.

He aloha paumako,
    Hoohakui nakolo,
Haehae i ka manawa,
    Iao e e Kalani.

Hui:—

    Lihaliha wale e Kalani,
    Ka ikena aku,
    I kau hiolani,
    Lolii kau hooilo.

II.

Ke uwe aku nei,
    Kaulilua i ke anu,
Auhea kuʻu pokii?
    Ka hooilina Aupuni.

Hui:—

    Lihaliha wale e Kalani.

III.

Ua hui malanai,
    Mamua e noho nei,
Ke hopu hewa nei,
    Ko kino wailua.

Hui:—

    Lihaliha wale e Kalani.

IV.

Eia o Kapili e,
    Ke haalipo nei,
Ana lipo walohia,
    Ia oe e kuʻu Lani.

Hui:—

    Lihaliha wale e Kalani.

V.

Pau kou hea ana mai,
    Auhea oe kuahine,
Pehea e pau ai?
    Keia eha nui.

Hui:—

    Lihaliha wale e Kalani.

                                             Liliu

Ke Ahe Lau Makani

I.

Lamalama ke kino o ka Palai,
I ka lihau a ka ua noe o uka,
Maemae ka like o ka Lehua,
I ka noua e ke ala lau Vabine.

Hui:—

    O oe no ka ia,
    E ke hoa o ke aheahe lau makani,
    He makani na ka Moae,
    Halihali ala o ka aahele.

II.

Nani Lihue po i ka ua,
Noho ia uka i ke onaona,
Halia wale mai ana no,
Ka makani lawe kehau o Panaewa.

Hui:—

    O oe no ka ia.

III.

Nani ka luna o Kaala,
Ka waiho kahelahela i ka olu,
O ka noho a ka opue I ka lai,
A ka manu inu wai hehua o Kaana.

Hui:—

   O oe no ka ia.

Liliu.

SECOND SERIES

Maikai Waipio

I.

Maikai Waipio
    Alo lua na pali
E poai a puni ana
    A hapa makai.

Ho'ōhoo,—

    Maemae ka pua
    I ka holoa e ka wai
    Ua enaena i ka la
    Mohala i na pali.

II.

Hoihoi ka piina
    O Koaekea,
Pii no a hoo ma ha
    I Kaholokuailoa.

Lovely Waipio

I.

How lovely is Waipio
    Deep vale whose sides gracefully bend
While its long and curving hillside
    Cease suddenly by the dashing waves.

Chorus,—

    There are bright-hued flowers
    Made brilliant by the morning dew
    Through the tiny crystals pure the sun shoots forth its rays
    Blooming jewels of the hills.

II.

With glee we climbed the mountains
    Of Koaekea
Halfway we pause and linger
    At Kaholokuiloa.

LIKO PUA LEHUA

I.

Iao e eka nani mae ole
    Eka liko pua lehua
E noho mai la i Hale Loke
    Ika malu lau o ka nui.

Hoʻōho,—

    Ehia mea maikai
    Oka holu aka Weeping Willow
    Kakea ana ia pua Dahlia
    Whei kaua a pili.

II.

Akahi hoi au a ike
    Ke ala onaona o ia pua
Noho mai la i ka nahele
    Lipolipo o ia dalo.

III.

Mahalo ka nanao ia Canary
    Kani manu hoohiehie
E kani hoolai mai nei
    Na hola oke. . . aumoe.

    Liliu, Likelike, Kapoli.

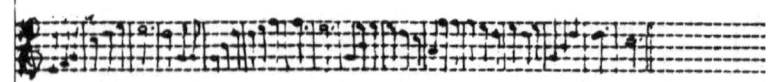

Tender Leaves of the Lehua Flower

I.

To thee thou unfading Beauty
    Bright blossom of the Lehua
There she dwells at Hale Loke
    'Neath the groves of the Cocoa tree.

Chorus,—

    What is there then more lovely
    Than the waving of the Weaping Willow
    Beckoning ever to sweet Dahlia
    Deliver there, never to part.

II.

Why dost thou not show thy beauty
    And thy fragrance, soft perfume
While the whole wild woods are teeming
    With the sweet breath of the morn.

III.

My praise shall e'er be thine
    Oh Canary bird with plumage rare
Sweet strains that breathe of bright moments.
    From morn till eve's twilight hour.

'IMI AU IĀ 'OE E KE ALOHA

'Imi au iā o eke aloha,
    Manā paia o Kanahele,
Ihea kou wani noho ai,
    E ha'i mai 'oe e ke 'ala.

ANSWER—

Ika lihi au o ka Līlia,
    I popohe ika uka 'iu'iu
Ua kiss 'ia eka twilight dews,
    A ma'ū ike onaona.

'Imi au iā 'oe ke aloha,
    Manā paia o Kanahele,
Ihea kou wahi noho ai,
    E ha'i mai 'oe e ke 'ala.

Ika lipo wau oka 'awapuhi,
    Iwalea ai ika moani,
Ho'olono ika leo Kāhuli,
    Ka hoene ika ooli o mali'o.

Ku'u hoa oka uluwehi,
    Oka uka o 'Ōla'a,
Ua la'a ko kino ika leo,
    Ua malu na ka 'iwa o Paliuli.

Ano wale mai nō ke aloha,
    Oke noa oke aheleu makani,
Neʻe mai aka ua linau
    Puluʻē na pua ʻōhelo Papa.

Kāua ika nani o puna,
    Ika inu wai Koʻolinilini,
Ika wai hāʻale ika Papa,
    Eʻolu ai ʻo ka haliʻa.

I Have Sought Thee My Beloved[4]

I.

I have sought thee my beloved
  In the forest's deep deep glen
Oh tell me where thou dwellest
  Canst thou not tell sweet zephyr fair?

II.

Answer,—

I did linger 'neath Lily blossoms
Full blown lilies of the field
Where the twilight dews had dropped their kisses
And left its fragrance sweet perfume.

III.

I have sought thee my beloved
  In the forest's deep deep glen
Oh tell me where thou dwellest
  Canst thou not tell me balmy breath?

---

4. Note to the Within: In the days of the old chiefs of Hawaii it was customary, on hearing that a high chief was to pass through Puna for the people of the district to bring the lehua blossoms to the flats where short rushes grew in ditches by the roadside called Mokolea. There is no water in this part of the country except such as is found in little pools after passing showers. Each lehua flower is broken from its stem and stuck on each single spear of grass until a pool is covered with the bright red blossoms. Another and another follows the example till quite a distance is covered; then the people withdrew into the woods where they would not be seen. In those days Puna was thickly populated, and it only took a few minutes to accomplish this. Then the distinguished travelers would stop with their train and drink of these waters fill their calabashes and pass on. While in the act of stooping to drink the lehua blossoms would pierce the eyelashes of the one who drank of the waters. It was considered very poetical and the waters were called Waikoolihilihi. The high chiefess Keohokalole, [mother of the composer], was the last who ever had this distinction shown her by the people of Puna, having been thus honored in the year, 1888.

IV.

Answer,—

> I did flit amongst the Ginger blossoms
> There I drank its odors sweet perfume
> Where I listened to the song of the Kahuli
> As it sang its plaint to Malio.

V.

Fair companion of the wild woods
    Of the forests of Olaa
Oh be thou loyal to thy heart
    Yield true allegiance Iwa o Paliuli,

VI.

Sweet mem'ry ever fondly lingers
    For thee my friend of youth's bright dreams
So we sat and watched the mists float by
    As o'er the Ohelo it dashed its sprays.

VII.

Let us roam through the beauties of Puna
    And we twain drink the water Koolihilihi
Sweet waters rippling in the brooklets
    And happiness shall ever be ours

KE ANO LAI MAI NEI KA NAHELE

I.

Kea no la'i mai nei ka nahele
    Hele a lulu nehe 'ole ka makani
Ika noho a Lā'ieikawai
    Wahine kupua oka wao kele.

Ho'ōho, —

    Mai nana mai 'oe iāia nei ē
    O aloha 'oe anane'i ki'i mai
    Ua pa'a 'ia nei ka'u kuni lā
    Ua sila pa'a 'ia me ku'u Aloha.

II.

Eia ku'u pua ku'u lei 'ā'ī
    I kui ai au a lawa lā
I lei ho'ola'i no ka lā walea
    I mea mililani na ka mana'o.

III.

Ilaila nō 'oe e noho mai ai
    Me ke aloha ka hali'a lā
'Oiai ua la'i an a neho hei
    Māua pū me ku'u Aloha.

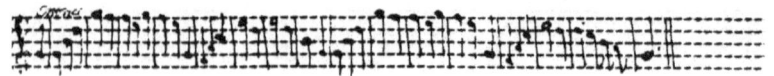

The Woods are Hushed in Calm Repose

I.

The woods are hushed in calm repose
    Not a rustling breath disturbs the air
While calmly reclines Laieikawai
    The beautiful spirit of the forest glen

Chorus,—

    Oh turn not thy gaze on this fair sprite
    Beware e're these witching eyes enchain
    She's mine for all my love, I claim
    Will bind her in life, eternally

II.

Here grew the flower she wove for me
    A garland, a wreath of rich blossoms fair
To crown when that day of joy shall come
    A treasure for future's fond mem'ry to store.

III.

Oh bide thee there where thou art
    If thou lovest seek not to woo
Whilst joy and bliss is mine so rare
    Her trust and faith a treasure true.

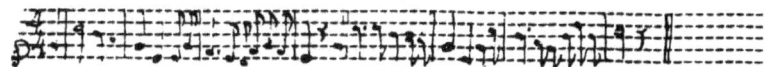

He Lei Na He Aloha

I.

He lei mai nei kou
  O nei ano ahiahi
Na lala i lawe mai
  A losa wai lanei.

II.

He lei ua puia
  Ke ala me ke aloha
Palai lau lipolipo
  I pulu ika ua Yushine.

III.

E malama no wau
  Ka ilina a ke aloha
I kahiko mau noa
  No kuu home enaena.

IV.

He wahi vision ka'u
  Na hola oke aumoe
Ko aka ka'u i ike
  Ne ka lei nani pua rose.

V.

Hene ana i kuu dreamings
    Ka lao oko Guitar
Me ka sweet voice nahenahe
    Ohohu daimana.

VI.

E hoi no ke aloha
    Ike ani aka gentle breeze
E pa kolonahe nei
    Ika liko lau oka niu.

A Wreath From My Beloved

I.

A bright wreath was given
    To me at sunset hour,
And oh, 'twas he who brought it
    And sought me in the glade.

II.

A wreath so heavy laden
    With fragrance and perfume,
Palai of green's deep hue
    Bedew'd by the rain Duahine.

III.

Oh fondly shall I cherish
    This emblem of thy love,
Forever in my keeping
    To deck my charming home.

IV.

Last night I had a vision
    I was near the mid of night
I saw thee in thy beauty
    With a crown of sweet rosebuds

V.

Whilst in my dreams enchanted
    By Guitar's charming strains,
Wish the sweet voice of my jewel,
    My gem, my diamond star

VI.

Farewell to thee my own one,
    May the soft and gentle breeze
Fan thy cheeks as wend'st thy way
    Through the waving cocoa trees.

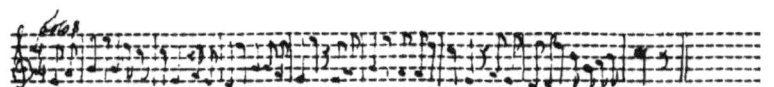

Tūtū

I.

Aia i Kaʻalaʻalaʻa
Kuʻu wahi kupuna wahine
Ua nui kona mau la
ʻOka noho ʻana ike ao nei
Kāna hana i kakahiaka
ʻOka wehe ika Paipala nui
Kiʻi aku la ina maka aniani
A penei e kau ai

    E aloha kākou iāia
    E mālama kākou iā Tūtū
    E hoʻāno kākou iāia
    Ko kākou kupuna wahine.

II.

A kau mai e ke ahiahi
Hoʻomākaukau e pule
Kiʻi aku ia inā maka aniani
Auwē! Ua ualewale
Aia kā ika lae
Ika lae kahi kau ai
Ua poina loa ʻia
I luna ika lae

    E aloha, etc.

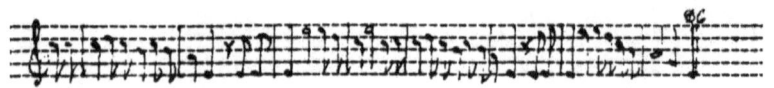

TUTU

I.

There lived at Kaala
My aged, dear old Grandma
Her days were full of numbers
That she lived in this world of care.
Her first duty in the morning
Was to turn to the great Bible
Then searching for her glasses
She'd place them on her nose.

    Now we must all show her reverence
    We must all love our dear Tutu,
    We must all do honor to her,
    Our dear Grandma Tutu.

II.

As the hour of eve drew near
She'd prepare for eve's devotions
And now she seeks her glasses
But lo, they are not there
High up above her brow,
And there she soon forget them,
High up above her forehead.

KĒHAULANI

I.

Nani wale nō hoʻi Kēhaulani
Lahalaha ike alo o Lūkini
ʻAʻohe mean ani ʻole olaila
E wae ai ʻoka manaʻo

Hoʻōhoo, —

    E piʻi e piʻi ana wau
    Iuka, iuka, o Kēhaulani
    Ilaila ilaila ke ʻanoʻi
    Ka koʻiʻi koi a ke Aloha

II.

Nānā a pau ko makemake
Nā pua kau ika wēkiu
Ka laue wehi wehi o ʻĪnia
Vabine lau onaona oka uka

III.

Ke honi aku oe i ka moani
Nana loku loko ika ʻiʻini
Ilihea ike ʻala nohea
Ua maʻū kēhau kakahiaka.

KĒHAULANI

I.

Oh, how fair is Kēhaulani
    Spread in beauty by Lūkini
There is nothing that's not lovely
    That one's choice could desire.

Chorus,—

    Hither, hither I will go
    To the fields of Kēhaulani
    There, oh there, I'll find my chosen
    Where my love's desire shall be.

II.

Look around thee and behold
    Beauteous rare flowers from the heights
Fragrant foliage, India's pride
    Scented Verbenas from the fields.

III.

Should you their sweet fragrance breathe
    Memories fond past'd bring thee back
Of sweet love, of beauties still
    As fresh as dews of the morn

Translation to "Kēhaulani" —— on opposite page.

KA IPO NOHEA

I.

'Auhea wale ana 'oe
  E nohea ika lipo
'Oka 'oi 'oe oka nani
  Helu 'ekani ka mana'o.

Ho'ōho,—

  E ka ipo nohea
  Naue, naue mai i'ane'i
  Ku'u ipo aloha
  Neenee mai a pili.

II.

'O 'oe ka 'ōnohi daimana
  'Anapa i ka awakea
'O ka'u li'a mau ia
  No ku'u lei mae 'ole.

III.

Mālama 'ia iho ho'i
  Ke aloha o kāna
He ukana lu'ulu'u 'ole
  Au e hi'ipoi ai.

Gem of Beauty

I.

Oh where art thou my fair one
    Loveliest 'mongst the rare
Thou art first in beauty
    Beyond all compare.

Chorus,—

    Oh my gem of beauty
    Come thou hither to me
    Precious one my darling
    Press thee to my side

II.

Thou art the star of diamond,
    Sparkling brilliants in the day
And I long for the daily
    To be my crown's unfading light.

III.

Then oh treasure and cherish
    The love I bear for thee
'T will not be a burden
    Thou wilt have to bear.

By and By, Hoi Mai Oe[5]

I.

Aiai Mauna Kilohana
    O au lehua ula i ka wao
Na maka ohe kil ika wai
    Ahai ka lini a ka manao

Ho'ōho, —

    By and by hoi mai oe
    E he ala hoene ika poli
    By and by hoi mai oe
    I anei kana e lai ai

II.

E ae ana paha wau i ka uwalo
    I ka leo hea aka Pololei (he pupu kani oe)
E hoi aku no wau e pili
    Me ka ua Kipuu o ka nahele.

III.

Ne he ua noe ala ko aloha
    E hana mau nei kuu nui kino
O kou kai ia e makou ai
    Ui-a-a ia pua ikan ani.

---

5. Hinano Bower, Dec. 16, 1879.

By and By Thou Wilt Return

I.

Upon the hillside of Kilohana
    Grows the bright lehua of the braes
Piercing eyes whose courting lashes
    Blending thoughts by conquest won.

Chorus,—

    By and by thou'lt return
    And let breezes fan thy cheeks
    By and by thou'lt return
    Here with bliss we'll pass our days.

II.

Shall I then give heed the songster
    To the witching notes of Pololei (a singing snail)
Beckoning, oh, return thou to me,
    To the rain, Kipuu of the glen.

III.

As a passing mist, thy love
    Gently thrills through my whole being
Cast with grace, my soul imbuing,
    Brightening my future with light.

LILIKO‘I[6]

I.

Makamaka ke oho oka lau Kuikui
   'Ōpalapala ulu i ka nahele
   'Oka 'oi no oe oka nani,
      'O Liliko‘i, 'o Liliko‘i.

II.

Lamalama pua ika wao kele
Una ma‘ema‘e wale i ka lekua
   E ka ua 'Ūkiukiu
      'O Liliko‘i, 'o Liliko‘i.

III.

He hoa i ka makani ho‘olāhui ana
Mahu‘i loko i ka 'ano‘ia
   Ki‘ina mai ana 'o Mali‘o
      E Liliko‘i, e Liliko‘i.

IV.

Hehene hene iki ka 'aka i Manu‘a
Ika ho‘ohehelo a Li‘a i ka wao
   E‘aka 'oe i pau ke le‘ale‘a
      E Liliko‘i, e Liliko‘i.

---

6. Wailuku, Aug. 29, 1878.

V.

No ka lei lehua i mili'ia
Ka 'ano'i a ka manao
Ka'ōnohi poniponi o Kalani
　'O Liliko'i, o Liliko'i.

Liliko‘i

I.

Fresh are the leaves of the *Kuikui*
By nature's forest silvery glow
Thy glossy sheen so beautiful
    Oh Liliko‘i, oh Liliko‘i.

II.

Bright flowers growing by shaded nooks
By passing showers are fresher made
By the rain 'Ūkiukiu
    Of Liliko‘i, of Liliko‘i.

III.

From kindred climes fresh breezes pass
Bearing messages so dear
On Love's wings was Mali‘o borne
    To Liliko‘i, to Liliko‘i.

IV.

Merry peals of laughter rings from Manu‘a
Of Li‘a's proud and haughty glance
Laugh on thou light and happy heart
    'Tis Liliko‘i, 'tis Liliko‘i.

V.

To thee thou crown of Lehua
Our son of fond adoration
Those jet black eyes of Kalani
    Of Liliko‘i, of Likiko‘i.

Translation to "Liliko‘i" — on opposite page.

E Kala Kuʻu ʻUpu ʻAna

I.

E aloha pumohana ʻoe lā
    Ka lehua kūkila i ka laʻi
Ke molale i kaʻu ʻike lā
    ʻOka sweetest ʻoe onā pua.

Hoʻōho,—

    E kala kuʻu ʻupu ʻana
        Kuʻu liʻa ʻana iā iala
    Ika pua lihi anu o Mololani
        Ua puīa wale i ke onaona.

II.

Ua kuhi au naʻu e ʻako lā
    Ia pua nani mae ʻole
E ia kā hoʻi a Karina lā
    Ke cold-hearted beauty oka noe.

III.

Noho nō a ka lā haʻehaʻe lā
    Huli mai eia ke aloha
Ua kui wale ʻia e nā manu lā
    E ka ʻIʻiwi maka onaona

Long Years Have I Yearned For Thee

I.

Warm greetings to thee, o lehua
    Whose stout branches reaching aloft
Proudly rearing thy majestic form
    Yet thy blooms perfume spread amain.

Chorus,—

    Long years have I yearned for thee
        And dreamed of thee, fair one
    Thou flower of the cold clime Mololani
        Spreading fragrance far and near.

II.

Many years I cherished fondest hopes
    To pluck that flow'r as mine own
But 'twas torn by the ruthless hands of Karina
    The cold-hearted heauty of the Mist.

III.

Then abide thee love, when some future day
    A friendly hand may be thy need
I give thee all love's pure offerings
    The Iiwi's sacred sacrifice.

IKE IA PELEKANE

Nani wale ho'i ku'u 'ike ana
　　Kēlā 'āina kamaha'o
'Āina kaulana i ka nani
　　Ka ikaika me ka hanohano

Hui,—

　　Ilaila ku'u 'upu ku'u li'a
　　Ka mana'o nui e waiho a'e nei
　　O 'ike lihi aku ia Pelekane
　　A he nani ia 'ae ua hiki no

Kuko no loko a ho'okō
　　E 'ike i ka pua i ka wēkiu
Honi ka makani o laila
　　I ka hane welelau i ku'u papālina

To See Britannia

Oh could I only see that clime
    That land of wonders told
Of fame and grace and beauties fair
    Of great valor and strength and might.

Chorus,—

    If I only could be there to see
    'Twould be my thought's greatest desire
    Take a glimpse of Britain's greatness
    How delightful, yes, such delight.

To dream and hope of pleasures rare
    Of mingling forms of noble grace
To breathe the cold and bracing air
    And feel it softly fan my face.

Ka Wai'apo Lani[7]

I.

Me he alo ala oka wai
    Ka mākolu oka wai 'apo lani
Ka walu onā lani ka 'Ao nō-'ā
    Ka lalapa ka 'ena kū meku.

Hui,—

    A hiki mai ke aloha
    'A e pono mai ana
    Ke kāheka kai kapu a Kāne
    Ka mele ke a-'a oka 'Āina.

II.

Ulu ho'āli'i ka lani
    Ka hoaka lei hiwahiwa
Ua ola ku'u kini, ua nui ka ālana
    Me ku'u lāhui pono'ī

III.

He mānai kōmi ka leo
    Mai 'ena 'oe ike kanaka
'Oiai ke kuleana i loko
    'Oi lēhau i ka makemake

---

7. Kaelohilani, Oct. 1st, 1896.

Heavenly Showers

I.

As if the flow of the waters
From the triple streams of heavenly showers
So the sacred Ao (*sprout*) of the eighth heavens
Whose flames have scorched the land.

Chorus,—

>   Should our hearts' love be restored
>   And 'our rights' be ours once more,
>   Then will our sacred beloved shoals of Kane
>   Be the firm foundation of the land.

II.

The heavens expand and bestow,
    Her beauteous crownlets free
Its life to her people for offerings given
    And from loyal hearts ascended prayers.

III.

Cold words and looks reprove
    Oh, turn not thus away
Give kindly greetings, words of love
    And a heart which beats within.

*Translation of Kakaiapo Lani
opposite this page*

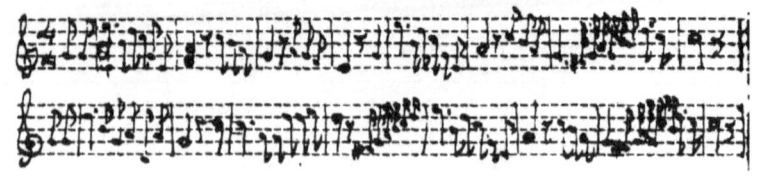

Kuʻu Pua I Paoakalani

I.

E ka gentle breeze e waft mai nei,
Hoʻohāliʻaliʻa mai ana iaʻu,
E kuʻu sweet never fading flower,
I bloom i ka uka o Paoakalani.

Hui,—

> 'Ike mau i ka nani o nā pua,
> O ka uka o Uluhaimalama,
> 'Aʻole naʻe hoʻi e like,
> Me kuʻu pua i ka laʻi o   Paoakalani.

II.

Lahilahi kona ma hiʻona,
With softest eyes as black as jet,
Pink cheeks so delicate of hue,
I ulu i ka uka o Paoakalani.

Hui,—

> 'Ike mau i ka nani o nā pua.

III.

Nane 'ia mai ana ku'u aloha,
E ka gentle breeze e waft mai nei,
O come to me ka'u mea e li'a nei,
I ulu ika uka o Paoakalani.

Hui,—

   'Ike mau i ka nani o nā pua.

      Liliu.

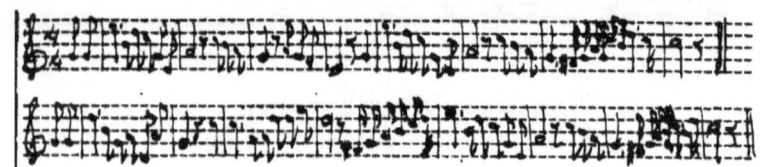

My Flower At Paoakalani

I.

Oy ye gentle breeze that waft to ame
Sweet cherished memories of thee,
Of that sweet, never fading flower,
That bloom in the fields of Paoakalani.

Chorus,—

> Tho' I've often seen those beauteous flow'rs
> That grew at Uluhaimalama,
> But none of those could be compared,
> To my flow'r that bloom in the fields of Paoakalani.

II.

Her face is fair to behold
With softest eyes as black as jet,
Pink cheeks so delicate of hue,
That grew in the field of Paoakalani.

Chorus,—

> Tho' I've often seen those beauteous flow'rs

III.

Now name to me the one I love,
Ye gentle breezes passing by,
And bring to me that blossom fair,
That bloometh in the fields of Paoakalani.

Chorus,—

Tho' I've often seen those beauteous flow'rs

Translation of "Kau pua i Poakalani" (opposite page);

Hawai'i Pono'ī[8]

Hawai'i's Own True Sons

I.

Hawai'i pono'ī
Nānā i kou mō'ī
Kalani Ali'i,
Ke Ali'i.

Chorus,—

    Makua lani ē,
    Kamehameha ē,
    Na kaua i pale,
    Me ka i-he

II.

Hawai'i pono'ī
Nānā i nā ali'i
Nā pua kou muli
Nā pōki'i

Chorus,—

    Makua lani ē.

I.

Hawai'i's own true sons,
Be loyal to your King,
Your only ruling chief,
Your liege and lord.

Chorus,—

    Father above us all,
    'Twas Kamehameha,
    Who guarded us from war,
    With his I-he.

II.

Hawai'i's own true sons,
Honor give to your chiefs,
Of kindred race are we,
    Younger descent.

Chorus,—

Father above us all, etc.

---

8. Translated by Lili'uokalani

III.

Hawai'i pono'ī
E ka lāhui e
'O kāu hana nui
    E u'iē

Chorus,—

    Makua lani ē.

III.

Hawai'i's own true sons,
People of this our land,
Duty calls fealty,
    Guide in the right.

Chorus,—

    Father above us all, etc.
                Kalakaua.

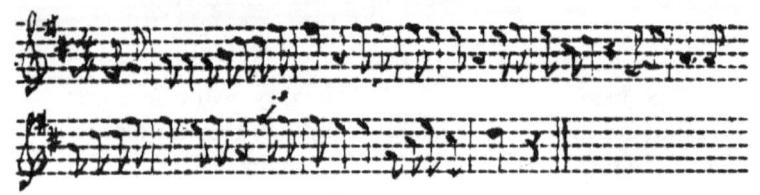

ANAHULU[9]

I.

Kehakeha ka uka i Halemano,
I ka nua Lehua i ka nahele,
Lea wale ka lalahela a ka wai,
Koikoi ana iau' e naue.

II.

Ake hana hoope ka ka ua,
I ka ehukai o Puaena le,
E pahele ana i ka noe,
Hoolailai mai i ke hula.

Chorus,—

Aele au e puni ana,
I kahi wai o Anahulu,
E nene liilii nei i ke one,
I ke one wali o Maeaea.

III.

Aniani mai ana ka makani,
O kuu' aloha paka ia?
O kuu' ipo aala i ka pili
He onaona hanu i he poli.

Chorus,—

Aele au e puni ana,

Liliu.

---

9. Waialua. July 17, 1881.

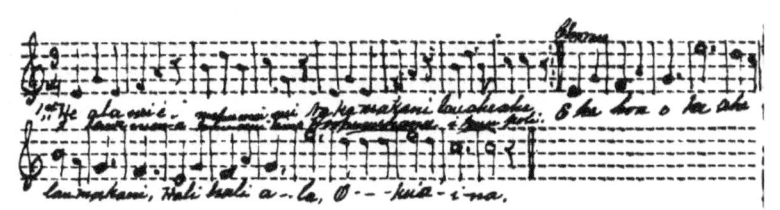

He Ala Nei E Mapu Mai Nei

I.

He ala nei e mapu mai nei,
Na ka makani lau aheahea,
I lawe mai a ku'u nui kino,
Hoopumehana i ku'u poli.

Hui,—

> E ke hoa o kea he lau makani,
> Halihali ala o ku'u aina.

II.

He ala nei e moani mai nei,
Na ka ua noe Lililehua
I lawe mai a ku'u poli,
Hoopumehana i ke aloha.

Hui,—

> E ke hoa o kea he lau makani.

III.

He ala nei e puia mai nei,
Na ka makani anu kolonahe,

I lawe mai no a pili,
Hoopumehana i ka manao.

Hui,—

    E ke hoa o kea he lau makani.

IV.

He ala nei e aheahe mai nei,
Na ka leo hone a na manu,
I lawe mai a loaa au,
Hoopumehana i ko leo.

Hui,—

    E ke hoa o kea he lau makani.

Liliu.

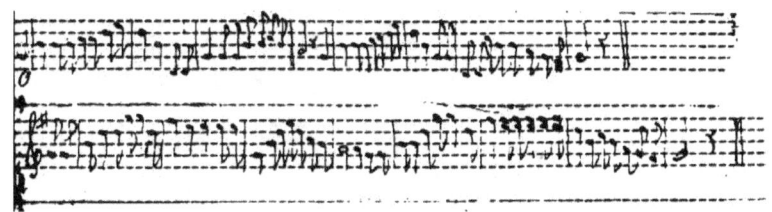

Where Art Thou

I.

Oh where art thou lov'd one of my bosom,
  Friend of the twilight hour,
My Mamo wreath to deck my brow at even,
  With Lia swift moments speed in bliss.

Chorus,—
  'Tis then that my love thou'rt dearer to me,
  Like an arrow love pierces my bosom,
  Ever dreaming of thee in the still moonlight
  Or the cold and calm dewy night.

II.

Yet hush, oh hush, thee my darling,
  Yes hark there's danger neigh,
With thee my thoughts shall never dwell
  For thee I'd brave the dangerous steep.

Chorus,—
  'Tis then that my love thou'rt dearer to me.

III.

Fond memory shall e'er be thine
  Ever beat this heart of mine
Fair one fail not to receive me
  Or shall love be dewed with bitter tears.

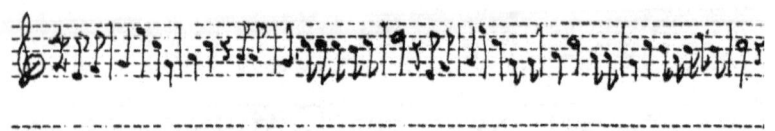

KA HANU O EVALINA

I.

Ho mai na'u e honi aku,
I ka lau aala Vabine,
He moani lau liilii,
Ka hanu o Evalina.

Hui,:—

> He anoi au e honi,
> I ka nae aala o Vabine,
> He moani lau liilii
> Ka hanu o Evalina

II.

Hii mala anu ke aloha,
Ke hiki mai nei welawela,
Ua luhi an maopaopa,
He pali kiekie kelakela.

Hui,:—

> He anoi au e honi.

III.

He uwila hiki aumoe,
He pakuikui oloolo,
He kulana mapuaa hoe,
Kunewa i ka nui o ka holo.

Hui,:—

   He anoi au e honi.

IV.

Ua holo ka'u kaona,
Ua ike ia e ka nui manu,
Hookahi no hoailona,
Ka puia aala o ka hanu.

Hui,:—

   He anoi au e honi.

Words by Kalakaua.   *Tune by*

He 'Ai Na Kalani

I.

Ke 'ai nei 'o Kalani,
Hāmau 'oukou lākou nei a'e,
Mai noho a pane a'e,
Ua kapu 'ē ka 'aha i ke 'li'i.

Hui,—

    'Ai-ē, 'Ai-lā.

II.

Ke 'ai nei 'o Kalani,
I ka 'Owene i ke kale Mana,
Lawea mai e ka ipo Laua'e,
O ka uka 'iu'iu o Lanihuli.

III.

Ke 'ai nei 'o Kalani,
I ka poi 'Ailehua,
Ho'owali'ia e ka ipo Hīnano,
Maikai he pahe'e ke moni aku.

IV.

Ke 'ai nei 'o Kalani,
I ka 'Opae māhikihiki,
Ki'inai fancy Lauli'i,
O ka ua Tuahine o Mānoa.

V.

Ke 'ai nei 'o Kalani,
I ka i'a a he A'ukū,
Hi'i 'ia mai e ka ipo 'aukai,
'Au'au ehukai o ka moana.

Liliu.

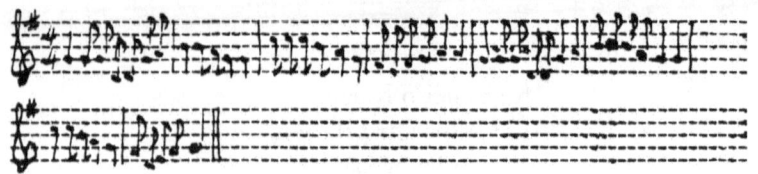

KA HAE KALAUNU

I.

Kaena ka wahine o ke kuahiwi,
Kuko i kea o 'ōpua i ka lani,
Lālau hopu i ka mea i li'a ai,
I kāhiko no ke kino e nani ai.

Hui,—

    'O ka wehi Kalaunu o ke Aupuni,
    No nā Lani 'ehā i ka Moku,
    No lākou nei Hae Kalaunu,
    E mau loa kona welo 'ana.

II.

E noho mālie 'oe ilaila,
Kou kulena kūpono iho nō ia,
Mai noho a ki'i a'e i ke kapu,
No nā mamo ia a Keaweaheulu.

Hui,—

    O ka wehi Kalaunu o ke Aupuni.

III.

No Kalani Kaulīlua i ke anu,
No aia i Ka'ala ke kino a ke aloha,
No Lili'u o Lolokulani i ka maka,
No Pili aloha ka ua me ka makani.

Hui,—

   O ka wehi Kalaunu o ke Aupuni.

      Liliu.

HE INOA NO KAPILI LIKELIKE

I.

He inoa kēia nou e Kapililā
Ka whine 'alo i ke anu,
I ka ululehua i Pana'ewlā
He nahele pō i ke 'ala.

Hui,—

> Eō e Naue i Puna lā,
> Ka Hala me ka Lehua,
> Ho'owehiwehi ana lā,
> Iā uka o Malama.

II.

Hali'ia mai e ka Pu'ulena,
'Olu wale ka nohona e Kalani,
Ū-i ke 'ala o ka Maile,
Lau lipolipo o ka nahele.

Hui,—

> Eō e Naue i Puna.

III.

'O ka luhe a ka lipo 'ka Palai,
Lana koi aʻe ai ʻo loko,
I wehi no kuʻu kino,
E kāhiko ai a nani.

Hui,—

    Eō e Naue i Puna.

        Liliu.

He Inoa No Ka'iulani

I.

Lamalama iluna ka 'ōnohi lā,
Kāhiko ua koko 'ula lā,
Ka hō'ailona kapu o ko kama lā,
He ēwe mai nā kūpuna.

Hui,—

>Ahā-hā ua nani ka wahine lā,
>Ahā-hā ka nohena u ka la'i,
>Ahā-hā ha ua hele a nohea lā,
>Pua ha'aheo o ke Aupuni.

II.

Ki'ina ka wehi o ke kama lā,
I ka mokupuni o Mano,
Kahala o Naue I ke kai,
Laua'e 'a'ala o Makana.

Hui,—

>Ahā-hā ua nani, etc.

III.

Kāohi 'ia iho ka mana'o lā,
A ho'i mai 'o Lilinoe lā,
Ka wahine noho i ke anu lā,
I ka piko o Manuakea.

Hui,—

    Ahā-hā ua nani, etc.

Hinano Bower.

       Liliu.

Jan. 28, 1878

He Inoa No Kaiulani II

A Waimea i ka uluwehiwehi;
Aina wai ula lliahi la,
Auau wai kea ka hoomanao la,
A he uwila ka iniki i ka ili la.

Aia Limaloa i Mana la,
I ka hoaleale liula la,
Hoohehelo ana na pua la,
I ke one kani o Noohili la.

Kahiko ia kii i ka ohuohu,
Lei Pahapaha o Polihale la,
E huli e hoi kakou la,
A he po mahina lailai la.

E ui ninau i ka ohu la,
A heaha ka hana a Niihau,
Hookele ia aku ia moku la,
O ke awa ia e kau ai la.

No ka pua iluna lilo la huana la,
No Kalani kapu o Hawai'i la,
E o e Kalani lei hiwa la,
O Kaiuonalani he inoa la.

               Liliu.

He Inoa No Kaiulani III[10]

Akala i kupu ai ka manao la,
E hooko i ka makemake la,
E ake a ike i ka ailana la,
Kauai o Manokalanipo la.

Na ka Maliana i lawe lai la,
Phia pono na pea i ka makani la,
O ka Hae Kalaunu welowelo la,
Haaheo i ka ili o ke kai la.

He ikena ka'u i ka ohuohu la,
Na ukali hanohano o ka leo la,
Na lipine kowelo kolani la,
Liliuonamoku ko luna la.

Kui lua na pu o ke aloha la,
Honehone na leo o ka pila la,
Kamahao ke aloha i hiki mai la,
No ke one o Kakuhihewa la.

No ka pua iluna lilo ka puana la,
No Kalani kapu o Hawai'i la,
E o e Kalani lei hiwa la,
O Kaiuonalani he inea.

               Liliu.

---

10. Waimea, 1877.

He Inoa No Kaiulani IV

A Wailua alo lahilahi la,
Mania ka poli o ke Kalukalu la,
Le'a i kahela i Kapaa la,
I ka noho a Kapili i ka uka la.

He halia 'loha kai hiki mai,
No na Kawaihau i ka iu la,
Lulu lima me na hoa la,
Koahi ka manao o noho la.

Ke hea mai nei Waiehu la,
Kaua I ka wai awe I ka pali la,
E inu iho ai a kena la,
I ka wai hui o Kawelo la.

Uilani ae nei oiala la,
Na manu hoolai i ka home la,
Na hula hoowali poahi la,
Ko loa ka iini a loko la.

Na ka pua iluna lea ka puana la,
No Kalani ka pua o Hawai'i la,
E o e Kalani lei hiwa la,
O Kaiuonalani he inoa la.

                Liliu.

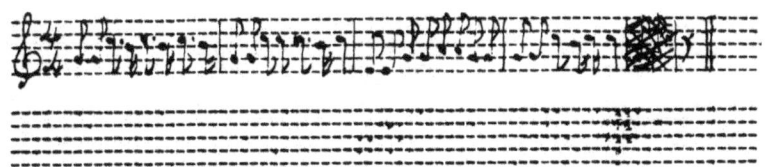

He Inoa No Kaiulani V[11]

Lulu ka makani ka ikena la,
Ka hikina ike one o Kawele la,
Pa kahea a ke kupa la,
E kipa eia ke aloha la.

Kau aku na maka o ka ike la,
I ka wai olu o Kemame la,
Maleko mawaho ka pilina la,
He ma-u ia he pahee la.

Ka ihona I Huleia hoolana la,
Ka boti o Kalani Kalakaua la,
Ua kiu Puhiula i Kaiu la,
Like ele ka hoenaa i ka wai.

Hoomaha aku i Niumalu la,
Pii mai ka hana Kaleipua la,
Ka anoi hiki mai ka manawa la,
Hea mai-e komo ua lai la.

No ka pua iluna lilo ka puana,
No Kalani kapu o Hawai'i la,
E o e Kalani lei hiwa la,
O Kaiuonalani he inoa la.

        Liliu.

---

11. Niumalu.

He Inoa No Kaiulani VI

Ike i ke one o Halalii la,
Na nalu ehuehu o Kaohi la,
Ka makani aheahe o Lehua la,
He mikioi ka lawena pili mai la,

Ea mai o Kaula i ke kai la,
U alai ka hikina a pili la,
Haaheo ka ae'na ia moku la,
A oi ike ia mamua loa,

Ua nani he ma-u no ia la,
Ua ike I ke ana o Ku la,
Ia oe ae kau hana mahope la,
Ua paa Kuhina a Kalani la,

Ua poni ia na mokupuni la,
Poni kapu ia na Kawele la,
Kiina mai ka hikina i Kumukahi la,
A ka welona a ka la i Lehua la.

No ka pua iluna lilo ka puana la,
No Kalani kapu o Hawai'i la,
E o e Kalani lei hiwa la,
O Kaiuenalant he inoa la.

                Liliu.

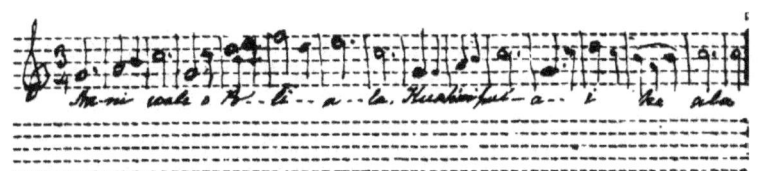

He Inoa No Poliala

Nani wale 'o Poli'ala
Kuahiwi puīa i ke 'ala,
He 'ala ka Lehua he 'ala ka Maile
Lauli'i o Ko'iahi,
Nani ka Palai lau o ka 'Awapuhi,
Ua nani nō ka luna o Poli'hau
Aloha welawela, aloha anuanu
Me 'oe mau loa ia e ge hoa ē,
Paila pau 'ole i ka helu 'ia
Hūi ka manawa e like me ka wai māpuna,
Ua hiki mai nei ka mana'o a loko
Kau i ka lihilihi hali'a i ku'u maka,
'O ka maka is o ku'u ipo,
Nani lua 'ole i ka'u 'ike
Number one 'oe onā kuahiwi
Me 'oe ka mahalo e Poli'ala ē.

Liliu.

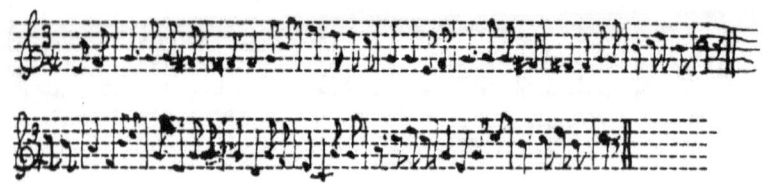

Burning Love

I.

Sweet flower I fondly cherish,
    Now I weave into bright garlands,
To deck my brow at even,
    As the shades of eve draw nigh.

Chorus,—

    But my bosom burneth in me,
    With the love that is consuming,
    My whole being is pervaded,
    With the beating of my heart.

II.

We two that know another,
    Would in friendship cling together,
Fond embraces, leving glances
    So entrancing my heart.

Chorus,—

    But my bosom burneth in me.

            Liliu.

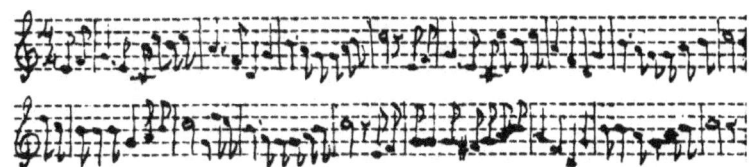

Circling Clouds[12]

I.

Whilst the clouds in rolling wreaths entwine,
    And form is circling bows above,
Dost thou see them in their beauty,
    Closely nestling side by side.

Chorus,—

    Thus is ever the love of my darling,
    True and tender to my heart,
    Through my breast like arrows gently piercing,
    As clouds that nestle side by side

II.

As oft we meet such blissful moments,
    Gently turn in fond delight,
Fragrant breath so sweet in essence,
    As from flowers that nestle side by side.

Chorus,—

    Thus is ever the love of my darling.

---

12. Translation by Liliu.

Ke Aloha 'Āina

I.

He lei he aloha kēia lā,
No ku'u one hānau,
Kona mau kualeno uliuli,
Nā lau nahele Kūpaoa.

Hui,—

> Pū'ili mai a pa'a iloko,
> Ke aloha i ka 'āina,
> Hāliu i ka mea mana,
> A e ola nō ka lāuhi.

II.

He aloha lā he aloha,
No ku'u lahui 'ōiwi,
I ho'okahi pu'uwai,
Kūpaa me ka lōkahi.

Hui,—

> Pū'ili mai a pa'a iloko.

III.

He aloha lā he aloha,
Ka makani o ka 'āina,
I ka pā kolonahe mai,
A ka makani lā he Moa'e.

Hui,—

    Pū'ili mai a pa'a iloko.

IV.

E alu ka pule i ka Haku,
Me ka na'au ha'aha'a,
E noi me ka walohia,
E maliu mai nō ia.

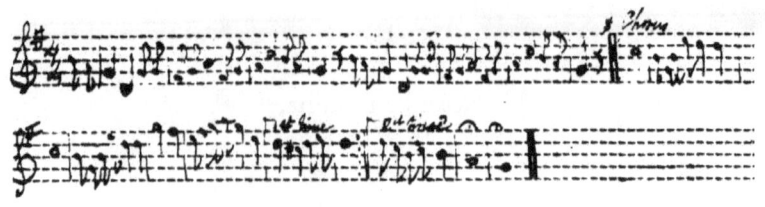

Pauahi O Ka Lani

I.

Neko ana ka wahine
   I ke anu o Mane,
Mahalo i ka nani,
   Hohea o ka nahele,

Chorus, —

     E ola o Kalani,
     O Pauaki Lani nui,
     A kau i he pua aneane,
     E ola o Kalani,
     O Pauahi Lani nui,
     E ole loa no,
     A kau i ka wekiu.

II.

Ua ike na paia,
   Aala o Funa,
Ua let ina Maile,
   O Fanaewa,

Chorus, —

     K ola o Kalani, etc.

III.

Hot ana no nae,
    Ke aloha ina kini,
I ke one hanau,
    I ka home kaena.

Chorus,—

    K ola o Kalani, etc.

    Liliu.

Mahalo Wau ʻO Ka Nani

I.

Mahalo wau ʻo ka nani,
Nā Lehua o Hōpoe,
E popole mai la i uka,
Iluna a ka lāʻau,
ʻO ka ʻiʻini nui,
A loko e noho nei,
E kiʻi au e ʻako,
I lei kāhiko noʻu,
    Tra la la la la, Tra la la la,
    Tra la la la-Tra la la la la la.

II.

Aia kā ka ʻeu,
Ke kiʻi aʻela,
E mūkīkī i ka wai,
Wai ʻono o ka Lehua,
E hopu oku ana wau,
A loaʻa ʻoe iaʻu,
E ʻeha ana ʻoe lā,
A he ʻeu kamaliʻi.
    Tra la la la la, Tra la la la,
    Tra la la la-Tra la la la la la.

    Liliu.

LA'I AU Ē[13]

I.

Nani wale ka luna o Ka'ala
Kuahiwi kūkilakila i ka la'i
Ilaila ka ano'i me ka hali'a
A loko e noho nei.

Chrous,—

> La'i au ē-la'i au lā
> Ika ua neenoe o ka nahele
> Hu'ihu'i mai nei i ku'u poli
> Ke aloha o ku'u ipo

II.

Pau 'ole ko'u makemake iāia
Ku'u lei Lehua kau i ka 'iu
Ua ho'opulu 'ia e ke kēhau
A ma'ū i ke onaona

Chrous,—

> La'i au ē-la'i au lā

---

13. 1874.

III.

Emaliu mai 'oe e ke aloha
Eia mai i'ane'i ke makana
Ua ho'opē 'ia e ke onaona
A puīa i ke 'ala.

    Liliu.

Uluhua[14]

I.

Aia i ka wekiu la
Kuu' lei Lehue puekea la
Maholehole lau i ke lei la
I ke lune kepu o Hanakehi

Chorus,—

>Uluhua uluhua wele la
>I ka ua Kanllehua la
>I kn loku hale ole i ka pua la
>E pua maila i ka iu.

II.

Ahe hiu ka lama nak e Kuikui
Holu ana i ke wai helil la
Uluku a e nei I loko la
Aneane hakukoi i ka lihi.

Chorus,—

>Uluhua uluhua wele la.

---

14. 1875.

III.

Ahea oe e ka Puulena la
E maliu i ka nani o Panaewa la
Ua hele a nohea i ka wao la
Lamalama i ke oho 'ka Palai.

Chorus,—

    Uluhua uluhua wele la.

        Liliu.

KA HANU O HANAKEOKI[15]

I.

Nani wale ka hi'ona o ka manu lā
'Oka 'I'iwi maka oneone (pōlena lā)
Noho i ka melu lā'au lā
Ulunahele pō i ka Lehua.

Chorus,—

    Ilihia wau i ke 'ala lā
      O ke hanu o Hanakeoki lā
    Punihei ke mana'o ho'ohihi lā
    Hanu 'a'ala o Hanakeoki.

II.

Alia 'oe e ka 'Amakihi lā
Manu puapua lenalena lā
E ālai nei i ka wai lā
Wai hālukuluku i ka pali lā.

Chorus,—

    Ilihia wau i ke 'ala lā.

---

15. April 1874.

III.

E inu aku wau i kena lā
I ka wai Lehua a ka manu lā
Hō iho kāua 'elo'elo lā
A ho'i a e ho'ola'ilai.

Chorus,—

    Ilihia wau i ke 'ala lā.

        Liliu.

APAPENE[16]

I.

Hoaka hoi kau e Apapene la
E hana wele mai nei o iau' la
I he manu ua lea mua la
Ia Maile Kalukaluhea.

Chorus,—

    Be still oe e iala la
    Ei aku oiala kou koolua
    Kou kuleana paa no ia la
    Kohu ai o kau hooniponipo.

II.

No he helu ekahi a e no wau la
Na ha hulu Namo i Olaa la
Ua pono no wau me iala la
Ne Hiku i ka waonahele la.

Chorus,—

    Be still oe e iala la.

---

16. Hilo Bay, 1874.

III.

Hoonua Hilo i ka Lehua la
Wehiwehi Puna i ka Uluhala la
Haale ka wei i ka Haile la
Hoolei na manu o ka nahele.

Chorus, —

    Be still oe e iala la.

        Liliu.

SANOE

'Auhea 'oe e Sahoe
Ho'opulu liko ka Lehua
Eia ho'i au
Ke kali nei i ka leo.

'O ka pane wale mai nō
'Olu wau mehe wei ale
Honehone mehe ipo ala
Paila i ka nui kino.

Ekala neia kino
I piliwi ai ileila
Pehea e kiki ai
E kō ai 'o ka mana'o.

Ke hea mai nei Water Lily
E ae mai 'oe iā kāua
Eiae nō 'o Pelo
Manu 'āha'i 'ōlelo.

Lehe aku nei nā kuhina nui
Ahe 'ahahui ko Lema
Ke 'oni a'ela iluna
Eiike me likelike.

      Liliu and Kapeka.

Pipili Ka Ua I Ka Nahele

I.

Pipili ka ua i kanahele
Ua kilikilihune kilihau
Kilihilihau līlī Lehua
Ne Waiʻōmao i ke uka laʻi.

II.

Kuhi ana ua like ke manaʻo
Me ka ua ʻula i ka moana
ʻAʻole ʻoe ke hoa o kohu ai
Na mī nō ia pua Gardinia.

Chorus,—

Hoʻokoku ko maka i he pua
Hoʻonōhenohea i ka Lehua
Hoʻohie luna ua liʻa loko
Ua ʻono i kā haʻi mea maikaʻi

Liliu.

KA MAKANI LAWAKUA[17]

I.

Pa'a maila Makana i ka ua.
A he ua loku i ka 'āina,
Kāhiko maila i ka nahele,
Pulupē nā pua i ka wao.

II.

Ho'okokōhi iluna ke ao makeni
Kau pono i ka piko 'ka mauna,
A'oi lele 'auhau o Hā'ena,
I ka pō'ai a ka ua inā pali

Chorus,—

Kukihewa ke makani Lawakua,
Hilihewa ka ua inā pali,
Kilikā i ka liko Laua'e,
Ke 'ala kei moani io'u nei.

III.

Mai hana mai 'oe e ka liko,
O 'ike 'oe i ka iki 'auhau,
Ka Lūpua mai au o Wainihe,
Ke pehele Hala o Haue i ke kai.

Chorus,—

Kukihewa ke makani Lawakua.

Liliu.

---

17. Wainiha, Feb. 1880.

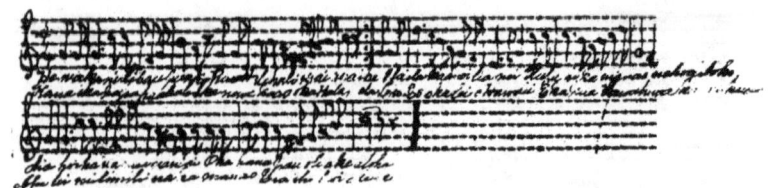

Ka Makani Līhau Pua

I.

He makani Līhau pua ko Puna
Halihali mai ana i ke 'ala
Kāua i ka papa hā'ale'ale
I ka newe kā'ao o ka Hala
Ilaila ke 'ano'i e li'a nei
Kupu ai ka mana'o nehoa iloko
Aia ho'i hā ua mea e nani ei
'O ka hana pau 'ole a ke aloha.

Chorus,—

> Eō e ka lei o Hawai'i
> E ka pua hiwahiwa a ka makua
> A he lei milimili na ka mana'o
> Eia iho ho'i e lei ē.

II.

Ka mana'o hene i ka manawa
E hoihoi ai ke kanaka i ke leo
Ke noua a'ela e ka u noe
He ua hena nāwele i ka pua
Pulu ikola ka maka o he Lehua
Nā Lehua i ka nahele i Pā'ie'ie

I hoʻohuoi hoʻi ʻoe i keaha
Ua lawa ʻlawa ke aloha me ʻoe.

Chorus,—

Ko e ka lei o Hawaiʻi.

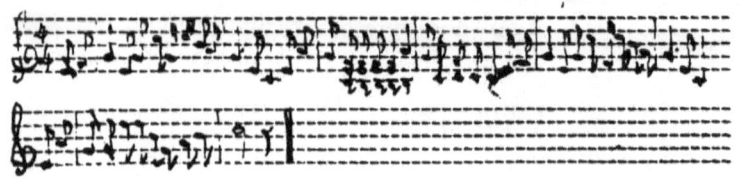

NINIPO HOʻONIPO[18]

I.

Hiaʻai hiaʻai i ka nani,
O aʻu Lehua i Hōpoe lā,
Ke ona ʻia maila e ka ʻIwi,
E ka manu hulu weo ʻŌlaʻa.

II.

Loʻu iki Panaʻewa i ka Hala,
I ka lihi ka pilina o Moeawakea,
Ke nihi aʻela ka ua nihi makai,
O ka weleleu noe kai oʻu nei.

Chorus,—
Hinipo hoʻonipo i ke aloha,
Ka wahine haʻa leʻa lewa i ke kai,
Ke niniau ala i ke one,
I ke kai nupenupa i Hāʻena.

III.

ʻIke maka ika nani o Puna lā,
Nā lae Ulu Hala o Koʻokoʻolau,
Ke ʻoni aʻela molale i ke kai,
Nā oho lau māewa luhe i ka wai.

IV.

I Hilo nō ka makani Puʻulena,
Lohe i ka ʻale a ke kai
    holuholu-o Huia
Ua maʻū aku la luna o Maʻukele,
I ka pākalikali a ka Malanai.

Chorus,—
Hinipo hoʻonipo i ke aloha.

Liliu.

---

18. Hilo. 1876.

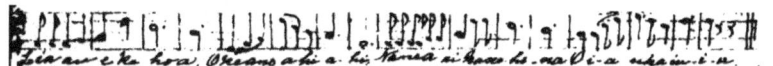

Nau No Oe[19]

I.

Lia au i ka hoa
O kea no ahiahi
Nanea ai ka nokona
Oia uka iuiu

Chorus,—

> Mili ia ko lei nani
> Au e hoohie nei
> I ka hana akamai a ka manu
> Hookakukoi puuwai.

II.

I hewa no i ka Waulu
Hookaehae i ka menae
Uluku a e nei loko
E hooko i ke makemake.

Chorus,—

> Mili ia ko lei nani.

---

19. Hineno Bower. Nov 28, 1878.

III.

Nani wale ke ala oia pua
Ke moani ana mai huihui
Olu pono iho ai ka puuwai,
Ka iini a hau' no oe.

Chorus,—

   Mili ia ko lei nani.

      Liliu.

Pride of Waiehu[20]

I.

Nani wale kuu' kei Anuenue
E keu kehakeha maila iluna
Noho penoiko oe i kou ulakelako
A ke laki mua no ia mai luna mai

Chorus,—

> Owai hoi oe Pride of Waiehu
> E kalele kulani nei i ka lai
> Sohe hoi ou pi kaneki maanei
> Ua kau a e nei wau i kea ki.

II.

Mei huli aku oe
Ia Elepi waha keni
A he pelo ka ia la
He Muhee holo lua
Akamai hoopololei olelo
Aia ka pilina
La I Makila.

Liliu.

---

20. Laheina. May 1878.

Akahi Ko'u Manehe

I.

Akahi ko'u manene,
I ka lono lauahea la,
Ka kikina mai welawela la,
Paila loko i ka manao.

Chorus,—

>Ike maka a e nei hoi au la,
>I kau mau hana lokoino la,
>Hana e mai oe e ke hoa luhi la,
>Like ole me ka pilina.

II.

Kaa e ilaila ke manawa ino la,
Kapukapu na maka ke ike mai la,
Pane main a hua walania la,
Na olelo hoeha i ka manao.

Chorus,—

>Ike maka a e nei hoi au la.

III.

Mai huli aku o eke aloha la,
I kahi Alopeka kanikani la,
O pehee oe i ka iala kika la,
I pii ino kone punahele.

Chorus,—

Ike maka a e nei hoi au la.

IV.

O iala heokeikei la,
Ka loaa a ke mea akiaki ie,
Pao ana i ka lei a ka anoi la,
I ili wele main a pomaikai.

Chorus,—

Ike maka a e nei hoi au la.

Liliu.

Wailuku, Maui.
May. 1878.

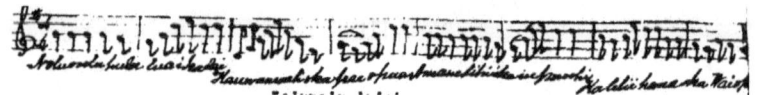

Nolunolu Hulei

I.

Pa mai pa mai nei ka makani
Aheahe ka hikina ma na-e mai
Holu a holu lau Akulikuli
Nopunopu i ke one o Ohele.

Chorus, —

> Nolunolu hulei lua i ka lai
> Ka uwauwali o ka paeopua
> Aneane lihi i ka iu powehi
> Ka lilii hana a ka Waiopua.

II.

Hanahana mau ka ua i ke pili
Liki Hanakahi i ka nanahe olu
Me he noe ala ka puta i ke ala
Pulu pu ai maua i ke aloha.

Chorus, —

> Nolunolu hulei lua i ka lai

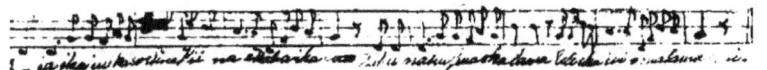

Aia I ka Iu Ka Welina

I.

Aia i ka iu ka welina
Kiina e Halia i ka wao
Nahunahu pua o ka Lama
Uli e ka ili o Malamanui.

Chorus,—
　Oiala hanahana maalea
　Akamai i ka hookele waa
　I pakele ai i ka nui manu
　Nana e kiai i ke awa lau.

II.

E kuhi ana paha oe
O oe wale no kai ike
I apuhi mai ai oe
Paa ana hoi ka ole i ko waha

Chorus,—
　Oiala hanahana maalea

III.

Halana mai nei ka manao
Hookakukoi ana ia loko
Kau i ka lihilihi eloelo
Na kuluwai a ke aloha

Chorus,—
　Oiala hanahana maalea

　　Liliu.

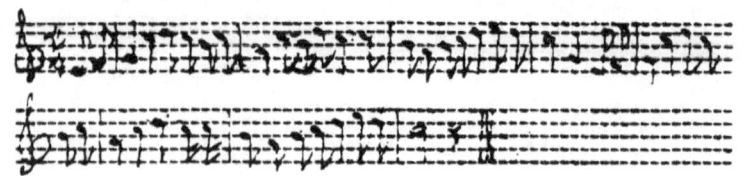

Kahi Manu Lauwili

I.

A ke keu kahi manu lauwili,
E kokai nei manua,
E alai ana i ka noe,
Hooneenee mai i ke kula.

II.

Hoapaapa lua ana oe la,
Hooluhiluhi kuu nui kino,
Io oe a ianei la,
I ka nui manu o uka.

Chorus,—

Kupilikii mai ka manao la,
Aia la ikea o Malie?
Aia paha oe i ka nahele la,
I ka poli nahenahe o ka ipo.

III.

Una ana a e nei hoi au la,
I kau hooluaiele,
Pau au ia oe e ke hoa la,
Uosi oe maanei.

Chorus,—

Kupilikii mai ka manao

Ka Wiliwili Wai

I.

E ka wiliwili wai
Ko'iawe i ka la'i
A heaha kau hana
E nawe malie nei.

Chorus,—

> Einei, einei, e poahi mai nei,
> Ahea, ahea 'oe kāohi mai.

II.

Oki pau 'o ia ala
Ua ninihi ka lawena
Ku'u iki iho 'oe
I inu aku wau.

Chorus,—

> Einei, einei, e poahi mai nei,
>
> Liliu.

I.

'Ano'ai wale ka hikina mai
Ka'ikena i ka nani o Wailua,
'Elua maua me ka hali'a,
I ka piko wai'olu o Kemamo.

II.

Hi'ipoi 'ia iho ke aloha,
I mehana ia pō anuanu,
Mili 'ia I ka lā o ka makemake,
I ka lā a ka 'ano'I hiki ai.

Chorus,—

Nani wale Lihu'e i ka la'i,
I ka noe a ka ua Pa'upili
'O ke ahe mai a ka makani
A ka Mälualuaki'iwai o Lehua.

III.

Ho'ona a'e ana i ke aloha
Pehea la ia e pau ai
'A'ohe na'e ho'i e hihi
Ua 'olu nahe, 'olu i ka noe.

Chorus

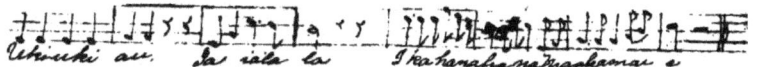

UKIUKI AU

I.

Ukiuki au
Ia iala la
I ka hana hana
Naeelea mai

Chorus,—

> A hana maalea la ia
> Aha mau e
> Kekahi kaaka
> Kohia mai ke oo e

II.

Nonenone au
Ia iala la
Ika koolalao
Mai ilaila e

Chorus,—

> Ahoolalao la ia
> Aha wau e
> Kekahi kaaka
> Kohia mai ke oo e

III.

Inaina au
Ia iala la
Ika hookokoe
Mai iau' e

Chorus,—

Ahooko koe la ia
Aha wau e
Kekahi kaaka
Kokia mai ke oo e.

Words by Konia.

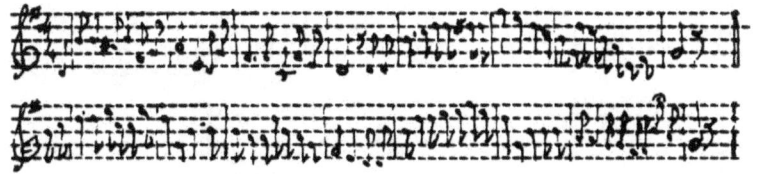

Kaua 'O 'Oe E Ke Aloha

I.

Kāhela i Wailua ka noe,
Ka wai kilihe'a i ka 'ili,
'Ike ai maua i ka 'i'ini,
I aloha ko kaua.

Chorus,—

    Kaua 'o 'oe e ke aloha,
    'Ike kalukalu o Kēwa,
    'Ike i ka loa i ka laulā,
    O ke kula lahalaha o Kapa'a.

II.

Nau ia e au wale mai,
Kahi e lawa ai ka mana'o,
Ua pono ua la'i ho'i au è,
I aloha ko kaua.

Chorus,—

    Kaua 'o 'oe e ke aloha.

Liliu

Sept. 18, 1877.

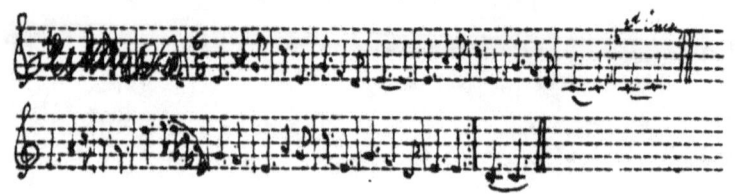

Maoli Io No Waialeale

I.

Kau mai nei laʻu kea no aloha,
Ka haili aloha o kuʻu Metila,
O maua pu no i ka lihau anu,
I ka ua Lupua o Luluupali.

Chorus,—

> Naoli io no o Waialeale,
> Kuahiwi molale alo i ka noe,
> Ua lohi waleia e ke Kaomi,
> Ka makani milikaa hone i ka lipo.

II.

Hiki mai ana ka ua Lupua,
Hiki pu mai ana me ka Lawakua,
Ka nohea aala pua o ka Hinano,
Kai luia i kea lo o Hoohila.

Chorus,—

> Naoli io no o Waialeale.

Words by Liliu.

Hele A Kala'e[21]

I.

Hele mai nei a Kala'e,
Ka luna o na kuahiwi,
Mehe mea ala e hea mai ana,
Na lau o ka nahele.

Chorus,—

Ina kakou i ka huleilua
I ka lawe a na lio,
Hoolailai keia la,
Haakeo ma nak aa.

II.

E naue kakou i ka iuiu
Ka Palai lipolipo,
Kahiko Maile lau liilii,
Okuku ka hoina.

Chorus,—

Ina kakou i ka huleilua

Liliu.

---

21. 1879.

Manu Kapalulu[22]

I.

Noho nani i luna ke ao 'ōpua,
Kapu 'ihi kapu i Kilohana,
Haiamu ihola ka lehua
   I na manu.

Chorus,—

    Kulikuli au ia 'oe, manu kapalulu,
    Hana wale mai nō ia'u,
    Heaha ho'i 'oe i ko'u mana'o,
       'Ae no ho'i.

II.

'Ōlelo ana 'oe i ko ha'i ke'e,
Eia iho no me 'oe
Na 'aumakua pe'e i ka poli,
   I 'ao lu'au 'ia.

Chorus,—

    Kulikuli au ia 'oe.

---

22. Honolulu. Nov. 23 1878

III.

Ki'ina kahuna i Hawai'i,
Kūkulu na hailona,
Kuhikuhi ke ola ia Kapo,
   'O ia nō ho'i.

Chorus, —

   Kulikuli au ia 'oe,

IV.

Noho iho no 'oe 'ai pono iho
I kou pōmaika'i nui
'Ike 'ia ai he ulakolako,
   'O ia nō ho'i.

Chorus, —

   Kulikuli au ia 'oe,

      Liliu.

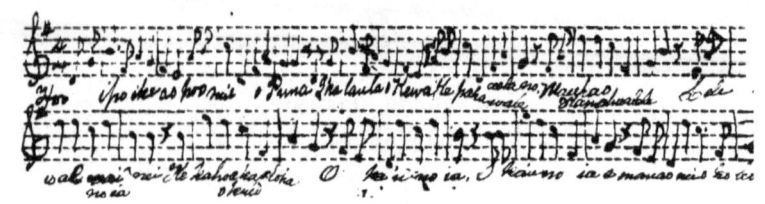

HO'OIPO I KE AO PO'ONUI O PUNA

I.

Ho'oipo i ke ao Po'onui o Puna,
I ka laulā o Kewā,
Ke paha wale a ela nō,
Ma uka o Kamahualele,
Lele wale mai nō i 'ane'i,
Ke ka hoaka o ku'u aloha,
'O ka'u nō ia e mana'o nei 'o ko leo.

II.

I ka pane 'ana mai,
Pa ihola ia'u 'elo'elo,
Nawali ha'u ka pua,
Pua o ka 'ilima ho'I,
Mai nānā mai 'oe ia'u
O aloha 'oe auane'i ki'i mai,
Aia no paha, ke ki'i aku i kaua.

Liliu.

KU'U LEI MOKIHANA

I.

He aloha ku'u lei Mokihana,
I popohe i ka uka waokele,
Anuhea ke 'ala o ka laua'e,
Moani i na pali o Ha'upu.

Chorus,—

    Kuhi au 'o ku'u ipo la,
    Ke 'ala hoene i ka poli,
    Eia kā 'o ka hau kolonahe
    O ka pō mahina la'ila'i.

II.

'Upu mai nei ka mana'o
E 'ike i ka wai o Kemamo.
He mana'o pa'a ko'u ia ia ala,
No ka 'iwa kiani o ke kaona.

Chorus,—

    Kuhi au 'o ku'u ipo la.

III.

Mai noho 'oe a lou iki,
Eia i 'ane'i 'o ia ala,
E 'ike auane'i 'oe
I ka hana a kēia 'eu.

Chorus,—

    Kuhi au 'o ku'u ipo la,

IV.

Ua la'i ka makani Pu'ulena
Me ke Kiu inu wai o Lehua,
'Elua maua i ka pilina
I ka hale wehi a ke aloha.

Chorus,—

    Kuhi au 'o ku'u ipo la,

Liliu.

Kau Kehakeha

I.

Kau kehakeha ana i ka lai la
Na maka hoonohenohe
E mahie oiala u alia loko la
Na pua Ohai o Kahelu.

Imi ia kou akamai a nui la
I laka ka I-a o ka moana
Hau' i alo ia ehukai la
Ike pono ia ai o Kaula

E ao oe o ike la
I ka hana mikiala a ka eu
O ka hi-u nei nana i kapeku
Puni ai na moku ia Kalani.

I pakele aku no hoi oe
I waiho ia aku e Lumaloa
Hoona a e ai ka manao la
Aia ke ola i Waiolono.

No ka pua iluna lilo ka punana la
No ka Lani kapu o Hawai'I
Eo e ka Lani lei hiwa ia
O Kaiuonalani he inoa.

        Liliu.

---

23. Oct. 1877.

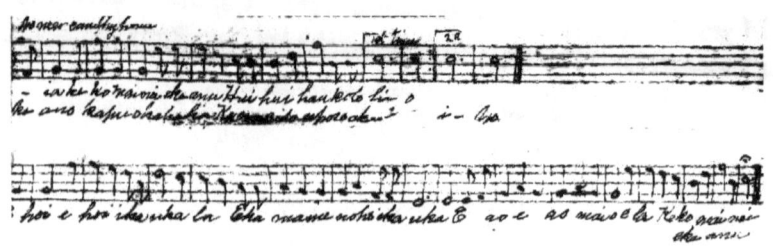

Ke Anu E Kō Mai Nei

I.

Eia ke kō mai nei e ke anu,
Hu'ihu'i hau kololio,
'O ke ano kapu o ka hali'a,
Ka marido esposo a ka ipo.

Chorus,—

    E ho'i, e ho'i i ka uka lā,
    E ka manu noho i ka 'iu,
    E ao, e ao mai 'oe lā,
    Ke kō mai nei eke anu.

II.

Mi amante o ka pō la'ila'i,
Buenas noches kaua,
Ku'u hoa kuwili o ka 'iu
O ke kula la'i ano mehameha.

Chorus,—

    E ho'i, e ho'i i ka uka lā,

Words by Liliu.

KILKIOULANI[24]

I.

Kilioulani i ka hua Wiliau,
Kilikilihwa i ka ua Lihan,
Hunehune a ka wai hene a ka manu,
Noenoe wahi kanalio manu.

    Meke noe la la'u kea no aloha,
    I o'u kini ka uka i ka nahele,
    Puia ia e ke aia o Mailehahei,
    O ua kini manu ala i Pokaki.

Kilioulani i ka pua Wiliau,
Kilioulani ka Wahine hele la,
Puni ai ke kanaka alualu hele,
Ka olina noe hau o Maunakea.

    Liliu.

---

24. Iolani Hale. Mar. 22, 1895.

OLIVIA TARAVASE

I.

E halia ae ana,
Ka Maile la anali liili
Lipolipo anali ka naheule,
I mehana hoi au,
I ka poli nahenahe,
O ka iwi lauki aniani.

Hui,—
    Olivia Taravase libano Tubarose,
    Acapia wena mesalina bonito,
    Si waianuhea kohai kohai,
    Waliwali nene hinahina

II.

Kiina ka metila,
I ka iu Halalii,
Konikoni ke aloha bonito,
Elua maua,
I ka wai anuhea,
Hanu waliwali o ka Palai.

Hui,—
    Olivia Taravase libano Tubarose,

    Liliu and Kainuuala Pico.

I Haleakala Ka Olu

I.

I Halekala ka olu,
Moani mau I ke ala,
Aia i ka wekiu,
Na Iwa lua o kanuku,
Ua ike pono hoi au,
I ka nani oia pua.

II.

He opua hiki ahiahi,
Holio nei I kuʻu maka,
Ano mai nei ke aloha,
Aheahe ka hikina mai,
Pa mainei ka makani,
Lailai o ka nahele.

III.

Kau nui aku ka manao,
Ka hoa i alo ai,
Na po hoolailai,
Konane a ka mahina,
A heaha la ia noe,
I ke kono ae a loko.

IV.

Aohe pali nui,
Nana e alai mai,
O oe a owau,
Kai ike pu I ka luhi,
Alo ia ai ka leo,
Wawalo o ka nahele.

V.

Kaua hoi kai ike,
Neia mea nui he aloha,
Aloha oe ilaila,
A he lia kai oʻu nei,
Ua lawa pu ia kaua
Ke aloha la ke aloha.

Liliu.

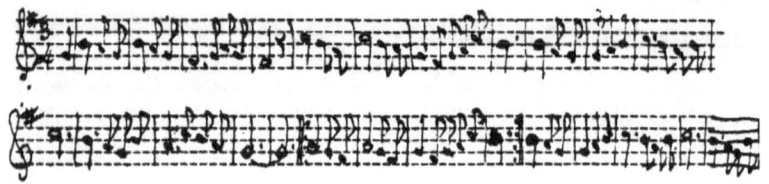

Be Still My Heart

I.

Be still my heart e kapalili nei,
He aha hoʻi nei hana au?
A he hana nui kau,
Nowelo i ka manawa,
Ua ʻike paha i ka pua
Nani ʻaʻala o ia dale,
O ka uka ʻiu o Luakaha,
He uka ona ʻia e nā manu.

II.

Na wai nó là hoʻi ka ʻole?
Beat iho ai keia pliant heart,
Aʻohe mea e nele ai,
ʻO ka makemake a loko,
A he nani ʻokoʻa no ʻoluna,
Puapua lua i ka nahele,
Onaona hichie lua ʻole.
ʻO ka ʻoi ʻoe o Lanihuli.

III.

Ke ano wale mai nei nō,
Ka hali'a me ke aloha,
Là 'oe e Sunset Beam,
Dew o ka twilight hour,
'A'ohe na'e ho'i e hihi,
Ua kauleo 'ia mai au,
Ua kapu kēia nui kino,
Ho'omalu ana ka leo.

Words by Liliu.

E Lili Aku Ana Wau

I.

Ku'u lei Ahihi pua i ka uka,
Ka oi o ka nani pua oi kelakela,
Miliia e na manu ai Lehua,
Kau pono i ka pili a ke aloha.

Hui,—

> E lili aku ana wau ia oe,
> A he Waiwai ua sila mua ia,
> Imiia e ka la o ka makemake,
> Ko ai ka iini a loke.

II.

A lili hoi au o aha ina la,
Oiai ke aloha i keia kino,
Akamai ia kini lawaia manu,
Nowelo i ka lau o ke Aalii.

Hui,—

> E lili aku ana wau ia oe.

III.

Anoai ua hoohihi oiala,
Mikiala i ke oho lip o ka Palai,
Hoohehelo ana na pua i ka wai,
Hukiku i kea lo o Malamanui.

Hui,—

E lili aku ana wau ia oe.

Liliu.

Sweet Little Linnet

I.

Iao e e Lineet noho wao,
Hoolai Lehua o Lihau,
Manu leo lea nahenahe,
Hoolau kanaka o ka nahele.

Hui,—

>   Noeau ka hana a ka ua,
>   Akamai ka imina o ka ike,
>   Mikioi i ka lau Kupukupu,
>   I aʻo kumu ia e ka noe.

II.

Hoolana ae nei ka manao,
Ia Canary noho maila i ka uka,
Aohe hana ike a Kauaula,
Ua like no ka laua a like.

Hui,—

>   Noeau ka hana a ka ua.

III.

Maikai ka hana a ka wahine,
Olu wale ka nohana i ka iu,

Noii nowelo aiala,
Hene iki ka aka a ka opua.

Hui,—

Noeau ka hana a ka ua.

IV.

Pehea hoi oe ia Sparrow?
Iwiw makalii o Hilo Bay,
Nohenohea manu alo anu,
I walea ia Mailekaluhea.

Hui,—

Noeau ka hana a ka ua.

Likelike and Liliu.

He Ala Nei He Ala

I.

Ua ike maka ae nei hoi au,
I ka ua Kanilehua,
Ke nee maila i ka uka,
A hoope aala i ka nahele.

Hui,—

>   He ala nei he ala la,
>   E huihui mai nei,
>   Na ka makani Puulena,
>   I lawe mai a loaa ianei.

II.

Makemake au e ike aku la,
I na pua nani o ka uka,
I luia e na wai la,
Ka nahele a o Puulena.

Hui,—

>   He ala nei he ala la.

III.

Aia ke aloha i ka wai,
I ka wai lelehune mai i ka pali,
A he kuahiwi nani okoa kela,
E ku kila maila i ka lai.

Hui,—

He ala nei he ala la.

Liliu

Ipo Lei Liko Lehua

I.

Auhea oe e ke Kupukupu la,
Nene aala o Lihue,
He onaona ka'u i honi la,
Ano wale mai no kona aloha.

Hui,—

> O oe no ka'u makemake,
> E ka ipo lei liko Lehua
> E ka manu luu wau la,
> Poowai o Kaiona.

II.

Ua kiina ia e Lia la,
A loaa i ka lipo o ka nahele,
Ua noua e ka ua Haoa la,
A mamae ka luna o Kaala.

Hui,—

> O oe no ka'u makemake.

III.

Noenoe liilii mai ana ia'u la,
Na kulu kehau a ka noe,
Pulu oe elo wau i ke ala la,
O ka Maile lau liilii.

Hui,—

> O oe no ka'u makemake.

IV.

Aala ka liko Lauae la,
Ka Palai i wili 'a me ka Hala,
Me ka poli unahe o Maluaka la,
He puia wale no i ke ala.

Hui,—

> O oe no ka'u makemake.

Liliu.

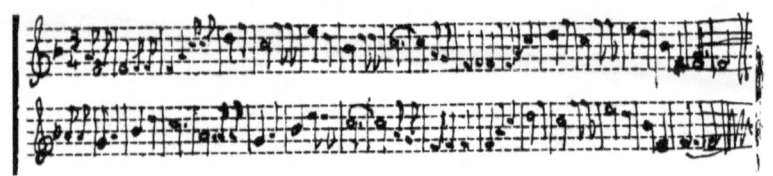

Nou E Ka Aluna Ahiahi

I.

Nou e ka aluna ahiahi,
Ke aloha haliakia,
Ua ilihia au i ka leo,
Mapuna leo nak e aloha.

Hui,—

> Nahenahe ka hikina mai,
> Lohe e ke kini i Haupu,
> Hoolale mai e ka Naulu,
> Ka makani o Niihau.

II.

Eia ke ola i Waiolono,
Ho ae kaua ilaila,
O ke awa no ia a pae,
Ahahana kau i kea ki.

Hui,—

> Nahenahe ka hikina mai.

III.

Aohe kuhina nui,
Nana e alai mai,
Oiai ilaila ka manao,
Ka iini a ke aloha.

Hui,—

Nahenahe ka hikina mai.

Liliu.

Ehehene Ko 'Aka

I.

Ehehene ko 'aka,
A he le'ale'a paha,
Ku akula i ka 'i'i,
Ke ha'alo'ulo'u nei.

Hui,—

> A 'ike 'oe he mea 'aka,
> Mino ai ko papalina,
> Ina paha ma 'ane'i,
> Pi'i koke ko wahi kai.

II.

Mai hana mai 'oe
O 'ike 'oe auane'i,
Ua lawa ia mea
I ka lehulehu a pau.

Hui,—

> A 'ike 'oe he mea 'aka.

Liliu.

He Ali'i No Wau

I.

Noho ke kupua i ke kahakai,
Kuhikuhi i ka nahele,
Aia Lūlana i Kamilomilo
I ka uka o Wai'alae.

II.

Mai ia mea mai ko'u kupuna,
Mai ia ia mai a ia mea,
Loa'a mai 'o Meamea,
'O ia ho'i ko'u makua.

Hui,—

He ali'i no wau, he ali'i nō wau,
Mo'opuna wau na 'U'u.
He ali'i nō wau, he ali'i nō wau,
Mo'opuna wau na 'U'u.

III.

O ka 'ike 'ia ka ho'i ia,
'O ke kuamo'o ali'i.
Ke kū ala ka pūnohu,
I ka moana kai uli.

IV.

Mai 'ike 'ole 'ia no 'oe
E 'ole 'o Pi'ikoi.
Pai a'e no 'oe a ki'eki'e,
I 'ike 'ia e ka lehulehu.

V.

Nou ka ho'i e ka ua 'ula,
Nou ho'i e ke ānuenue.
Pa'a 'o uka pa'a 'o kai
I kou hō'ailona.

Hui,—

He ali'i no wau, he ali'i nō wau,.

Liliu.

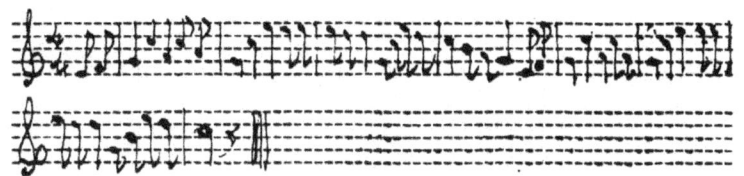

Ko Hanu Ka'u E Li'a Nei

I.

'Auhea wale ana 'oe lā,
E ka nani o na pua lā,
I partner 'oe no ku'u kino la,
I hoa no ka ua Ha'ao.

Hui,—

    Ko hanu ka'u e li'a nei lā,
Kohu pua rose i ku'u poli lā,
Ke 'ala o ka hanu o ka ipo lā,
I pulu i na kehau anu.

II.

Na wai nō 'oe e pakele lā,
I ka miki ko'iawe a ka wai lā,
Luhi pū i ke anu māʻeʻele lā,
E kiss kaua me ke aloha.

Hui,—

    Ko hanu ka'u e li'a nei lā.

III.

Eia ho'i au i ka malu lā,
Me ka leo pumehana o Halona la,
Ka pua la'i o ka nahele lā,
Ma kou poli au e pili ai.

Hui,—

Ko hanu ka'u e li'a nei lā.

Liliu.

HOSIO

I.

E aloha ae ana wau,
I ka lau aala Vabine,
I ka nehe nenehe i ke aumoe,
Ka owe mauka iuiu.

Hui,—

> Maluna ka ihona iho,
> A ke kiu inu wai o Lehua,
> Hoolono o ka leo ona manu,
> I ka hauwalaau i ka nahele.

II.

He libano tuberose ka'u i ike,
Ka ninihi ae ma kae pali,
I hosio aku hoi au,
A ho ole ka maliu ia mai.

Hui,—

> Maluna ka ihona iho.

III.

E kala ko i ala eena,
Ke hiu ala ko i ala pea,
Ke ahai ia ala ke aloha,
Na kapuai kani o Melekini.

Hui,—

Maluna ka ihona iho.

IV.

Ka mikina ana aku mahope,
Hoolai o Dikay i ke kula,
Pukui ke aloha mesalina,
E huli hoi a ke kula loa.

Hui,—

Maluna ka ihona iho.

Likelike and Liliu.

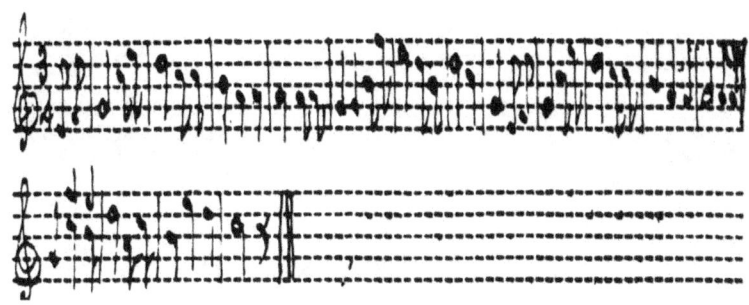

E 'Ae Paha Wau I Ka Ualo

I.

Aia ho'i mai ka lei aloha lā,
'Olu iho ka lani nanahe ka wai;
Pu'ili i ka pua kamaha'o a loko,
Hi'ilani i ka wai o ka Naulu lā.

II.

Ilaila aku wau i ke anu lā,
Na ke aloha i kono a'e lā,
'O ka nē a ka manu i ka poli lā,
Hone ana i ke alo o Mali'o lā.

Chorus,—
E'ae paha wau i ka uwalo lā,
I ka leo hea a ke kahuli lā,
E ho'i ke 'ala i ka nahele lā,
'Oi la'i ke aloha i ke kino lā.

III.

I pai 'ia ka mana'o e Hi'ilei lā,
Hiki ai ke aloha i Muliwa'a lā,
Ho'iho'i i ke kula loa i Haili lā,
Puia Pana'ewa i ke 'ala lā.

IV.

Ho'i mai kaua e ka 'ano'i lā,
Ho'i mai kaua e ka 'i'ini lā,
Ho'i mai kaua e ka hali'a lā,
Ho'i mai e pili me ke aloha lā.

Chorus,—
E'ae paha wau i ka uwalo lā.

Liliu.

Paoakalani

I.

Anoano li'ula ka nahele,
Ka nohona i Paoakalani,
Nihi ana ka leo o ka 'ohe,
Kapalili i ka welelau makani.

Hui,—

>Lōli'i analipo anuhea ke aloha,
>Pā koni hu'i i ku'u manawa,
>Ka hikina iho nei walania lā,
>I na hola kulu 'i'i o ka pō.

II.

Ua lawa ia mea i 'ane'i lā,
E li'a mau nei i ke anu,
Ke kono a'e nei e 'ike la
I ka wai hu'i o Kawaihau.

Hui,—

>Lōli'i analipo anuhea ke aloha.

III.

'Iniki 'olu i ka 'ili ke anu lā,
　Hu'ihu'i kololio i ku'u kino,
'Anapa ka nahele i na kulu kehau,
　Paoa i ke 'ala lau 'awapuhi.

　Hui,—

　　Lōli'i analipo anuhea ke aloha.

　　Liliu and Emma.

IKE IA LADANA[25]

I.

Ua ike pono aku nei au,
I ka nui o Ladana,
Amana i ka loa me ka laula,
Aohe nui a koe aku.

Hui,—

> Haawai ia mai hoi ke aloha,
> Puili hauoli lua ole au,
> Mahalo piha loko i ka olioli,
> I ka hanohano nui ili mai ia'u

II.

Kipa e ika ia Vikolia,
Ke Kuini nui o kea o nei,
Pumehana ka apona mai,
Maloko o Pakinehama.

Hui,—

> Haawai ia mai hoi ke aloha.

---

25. S.S. Servis. July 4, 1887.

III.

A he iki wale no kahi wahine,
Kiekie launa i ka hanohano,
He leo kaohi kai pane mai,
Eia mai hoi a'u milimili.

Hui,—

    Haawai ia mai hoi ke aloha.

    Liliu.

THOU E KA NANI MAE OLE[26]

I.

Thou e ka nani mae ole,
E ka hiko pua eue bright,
E noho maila i Halerose,
I ka malu lau o ka Niu.

Hui,—

> Ehia mea maikai,
> O ka kolu o ka Weeping Willow,
> Kahea ana ia pua Dalia,
> E hoi i ka home onaona.

II.

Akahi hoi au a ike,
Ke ala onaona oia pua,
Noho maila i ka nahele,
Lipolipo oia dale.

Hui,—

> Haawai ia mai hoi ke aloha.

---

26. Hamohamo, 1867.

III.

Mahalo ka manao ia Canary,
Kahi manu hoohiehie,
E kani hoolai mai nei,
Na hola o ke kulu aumoe.

Hui,—

    Haawai ia mai hoi ke aloha.

    Liliu and Likelike.

HOINAINAU MEA IPO KA NAHELE

I.

Hoinainau mea ipo ka nahele,
Hookokoe ana ka maka i ka moani,
I ka ike ina pua hoomahie luna,
Ua pipili wale i Moeawakea.

Hui,—

> Kainoa ua poina ia Malio,
> Aia ka i Pualeiohao,
> I Puna no ka waihona a ka makani,
> Kaele ka malama ana i ka Puulena.

II.

Aole ilaila ka manao la,
Aia me Aiwohikupua,
Kupua i paoa aala la,
Puan ani i ke aloha.

Hui,—

> Kainoa ua poina ia Malio.

III.

Kau nui ka hoi iaia la,
Ku'u hoa i alo ai i ke anu,
Ka po mahina hoolailai,
Ka uka iu i ka nahele.

Hui,—

    Kainoa ua poina ia Malio.

IV.

Ku'u hoa pili o ka ua la,
Tilitilihune i ka lai,
Ku'u hea haihai olelo,
Ohumu o kahi mehameha.

Hui,—

    Kainoa ua poina ia Malio.

Music by Liliu

He onele inoa no Kauikeaouli-K III

Kokohi

I.

E ka wai mapunapuna la,
E lana malie nei i ka lai,
Lipolipo launa ole la,
Kau wahi ale ole iho.

Hui,—

> Kokohi-ehehe, i ka ono-ehehe,
> Unahe i ka poli ka wai olohia,
> Pahee-ehehe, ka momoni-ehehe,
> A he olu ka iho'na iho.

II.

Lei ana Hiku i ka noe la,
Hoohihi Lihau i ka lipo la,
Anehe o iala e inu la,
Ka wawai ula Iliahi.

Hui,—

> Kokohi-ehehe, i ka ono-ehehe.

III.

Iao e ka uhene e ka wai,
Ka nene liilii i ke kulu aumoe,
Hoolani Kauaula la,
Kalele nua i ka Palai.

Hui,—

    Kokohi-ehehe, i ka ono-ehehe.

        Liliu.

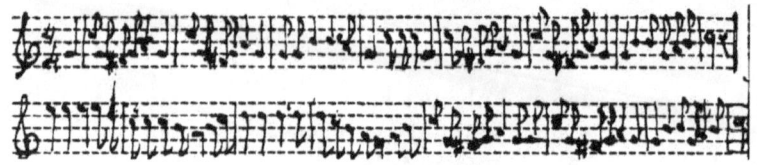

Nani Haili Pō I Ka Lehua

I.

Eo e Lili'u i ko inoa,
Nani Haili po i ka lehua,
Noho ia uka i ke onaona,
Honi ke kupa i ke 'ala.

Hui,—

Waiho 'e no i ka poli 'o ka ipo hinano,
Nānā aku he nani wale nō ka nahele,
Ilihia 'oko'a i ka maika'i o ka pua.
I kui au a ho'olawa i ko aloha.

II.

Eōe Lili'u i ko inoa,
Nani Kilauea pa'a i ka noe,
Po luna o Uēkahuna i ke 'ala,
Nalo akula na lehua ne'e i ka papa.

Hui,—

'Ike 'ole au i na hala o Halaaniani,
I ke alai 'ia mai e ka ua nahunahu,
E ake au e ho'i mai ka Pu'ulena e pili,
E moe aloha maua me ka moani.

Konia.

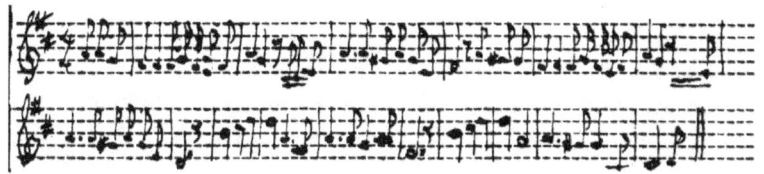

MAKALAPUA

I.

O Makalapua ulu māhiehie,
'O ka lei o Kamaka'eha,
No Kamaka'eha ka lei na Li'awahine,
Na wahine kihene pua.

Hui,—

> Elei ho'i, e Lili'ulani é, E lei ho'i, e Lili'ulani ē.

II.

Ha'iha'i pua kamani pauku pua Kiki,
I lei ho'owehiwehi no ka wahine,
E walea ai i ka waokele,
I ka liko i Omaunahale.

Hui,—

> Elei ho'i, e Lili'ulani é, E lei ho'i, e Lili'ulani ē.

III.

Lei Ka'ala i ka ua a ka Naulu,
Ho'olu'e ihola i lalo o Hale'au'au,
Ka ua lei kōkō'ula i ke pili,
I pilia ka mau'u nene me ke kupukupu.

Hui,—

 Elei ho'i, e Lili'ulani é, E lei ho'i, e Lili'ulani ē.

IV.

Lei aku i na hala o Kekele,
I na hala moe-ipo o Malailua,
Ua māewa wale i ke oho o ke kawelu,
Na lei kamakahala o ka ua Wa'ahila.

Hui,—

 Elei ho'i, e Lili'ulani é, E lei ho'i, e Lili'ulani ē.

 Song composed to Liliu,

  Words by Konia.

June. Would I were with thee.

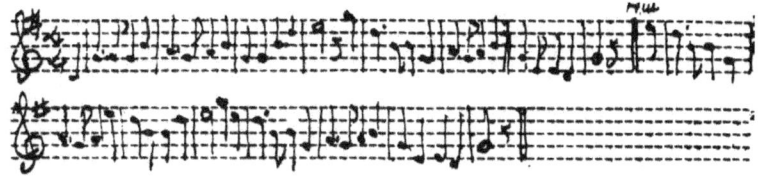

E Poina Ia Anei Na Hoa

Solo,—
    E poina ia anei ke hoa?
    Aole e hoomanao,
    E poina ia anei ke hoa?
    O na la i aui ae.

Chorus,—
    E poina ia anei na hoa?
    O na la o ka Makalii,
    E mau ka hoomanao ana,
    No na la i aui ae.

Solo,—
    Kaua kai alo i ka nahele,
    A ako ina pua kamahao,
    Kaua pu kai ike i ka luhi,
    Ina la i hala e aku.

Chorus,—
    Kakou kai alo i ka nahele,
    A ako ina pua kamahao,
    Kakou kai ike pu i ka luhi,
    Ina la i aui ae.

Eia mai ke aloha e ke hoa,
Huli mai kakou ianei,
A e hui me ka hoomanao,
Ina la i aui ae.

    Translated by Liliu.

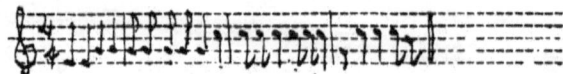

Jubili O Vikolia

Hookahi la nui hiki I Pelekane,
O ka la Kubili o Vikolia,
Piha na alanui na kanaka,
A he umi miliona ka heluna pau,
E alawa 'e oe he anapanapa,
Na lole wai kula ona ukali,
Na lio kainapu hoowali lua,
Na kaa ike ole ia mamua,
Ilaila na 'lii o na Aupuni,
Inia Peresia, Siama, Iapana,
Na 'lii Aimoku o Europa,
O ka oi ae no nae Hawaii,
Na hoku damiana i ka poohiwi,
Lau kaimana weli ko papale,
    No Kaiulani ka puana hooheno,
    No ku'u lei hiwahiwa i ke kapu.

Hiaai wale loko ka hikina mai,
No po mahina o Pakinehama,
Ike i na lumi wehi i ka pua,
Ilaila e luana iki iho ai,
Kiina ia mai e Lekomo
He mai, e naue ae maloko,
Lawea ia a kau i ka nu-u,
Ilaila i noho pono iho ai,
I ka noho pono iho ai,
I ka noho kapukapu o ke Aupuni,
Ma na 'lii nui o ka aina,
Lua ole ka nani ka ikena 'ku,
Na lei damiana kau i ka lae,

Na opuu momi ma ka a-I,
Eia mai hoi ha ko hoa,
E kohu ai o ke kaunu ana,
Hoa kui lima o kea lo hanohano,
Hoolailai o kea no aumoe,
Aohe ui e like ma ke ao,
Me ka Prince Luio Pakeiiepeke,
    No Kaiulani ka puana hooheno
    No ku'u leo hiwaliiwa ike kapu.

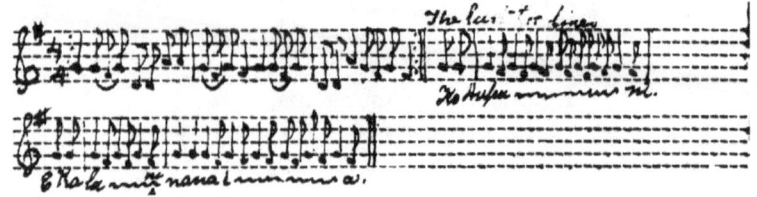

He Iona No Kalanikauikamoku
Liliuokalani

E ike mai oukou,
Na Mokupuni a pau,
Mai Hawaii o Keawe,
A Kauai o Mano,
Keia Kae Kalaunu
E welo haaheo nei,
No Liliuokalani,
No ka hooilina,
O ke Aupuni Hawaii,
Kulia ia i paa,
Ke Aupuni o olua,
O oe kai hilinai ia,
Ke aloha a ka lahui,
A hoi mai e Kalani,
Kauliluaikeanu
Ko Aupuni,
E Kalani-nana-ia.

HE IONA NO KALANIKAUIKAMOKU
LILIUOKALANI II

E ike mai oukou,
Na Mokupuni a pau,
Mai ka hikina i Kumukahi,
A ka welo i Lehua,
Keia Kae Kalaunu,
Kapalili nei i ka makani,
Hanohano kona alo ana,
Kau i ka ehuehu,
Paena kai ewalu,
Ke ike i kona welo ana,
Na Kalanikauikamoku,
No Lokulani i ke kapu,
Nana ia ko alii,
Ko milimili e Hawaii,
Ka hooilina Moi,
O ke Kalaunu hanohano,
O oe kai hilinai ia,
Ke aloha a ka lahui,
Hoi mai e Kalani,
Kaulilua i ke anu,
Ko Aupuni,
E Kalani-nana-ia.

Hula and holi song.

KA HUNA KAI[27]

'Auhea 'oe e ka huna kai lā,
Lelehune mai i ka 'ale lā.
'O ke ko a ke au i luna lā,
Kahi a loko i li'a ai lā.
Naue pū me ke kino i laila lā,
'Ike i ka nani o Kahiki la.
I laila na pua 'oi kela la,
Pūpū a kau i ka umauma lā.
Honi iho i ke 'ala anuhea lā,
'O ka 'oi no 'o Waioleka lā.
Ka popohe mai i ke ano 'iu lā,
He beauty maoli ke 'ike lā.
'A'ohe na'e like me Maile lā,
Ka mapu 'a'ala o ka hanu la,
E ho'i 'oe e ka makani lā,
Kiss aku i kona pāpālina lā.
E ha'i aku 'oe i ko'u aloha lā,
E walea iki a e ho'i me ia nei lā,
A huli a'e ka 'ano'i lā,
Pau kuhihewa ia Peresia lā,
Ua lawa a'e nei ho'i au lā, I ke aupuni o Farani lā,
Ke huli a'e nei i ka home lā,
Ike one hanau o Kamahele lā.

Liliu.

---

27. London, June. 1887.

HOONANEA A HOOKUENE O LILIU

Ia'u e nanea ana ma Wakinekona,
Pa-e mai ene ka leo nakenehe,

Auhea wale ana oe e Kalani,
E i ae na hauna o ke Aupuni,

Nana e hanu mai pau i ka ikea,
Na mea nui na mea liilii,

O ka kana ia a Waipa,
Kapena makai o ka Pi Gi,

Eia ko hewa la e Kalani,
No kou aloha i ka lahui,

Na ke keapio Hope Ilamuku,
I hii ia Kalani i Kalealii,

    Hookahi puana ko'u puuwai,
    No na poe i aloha i ka aina.

Kamahao wale ku'u ike'na,
Na paia hanohano o Iolani Hale,
Ea mai Laeahi ma ka hikina,
Kela kuakiwi alo i ke kai,
Kahi ana oiwi o ku'u aina,
I imi ai i ka pono o ka lanakila,

Anoano ke aloha ka hikina mai,
No kuʻu lahui i ka ehuehu,
E na Mana Lani e aloha mai,
Hookuu mai i na poe pilikia,
    Hookahi puana koʻu puuwai,
    Noiia poe i alolia I ka ailla.

    Liliu.

He Inoa Wehi No Ka Lamiamaole

Hiki mai e ka lono i oʻu nei
Aio oʻu pokii la i Kawa,
I ke Kakela nui o ke Aupuni,
Kahi i noho ai me ka maluhia,
Umiia ke aloha i paa iloko,
No ke one oiwi ou e Hawaii,
Eha 'i ka ili ou kupuna,
O Keawe o Kalani I-a-Mamao,
Ka hua i ka umauma maillani ia,
Papahi i ke aloha aina,
Hiipoi ia ko leo hanohano,
I kahiko mau no ka lahui,
Aoi alina i ka ike ana,
Ia paia kaulana hoihoi ole,
Hookahi ike pu ana i ka inea,
Me oʻu pokii makaainana,
Hookahi puana koʻu puuwai,
No ka poe i aloha i ka aina.

Liliu.

He Inoa Wehi No Ka Lamiamaole II

Ike hou ana i ka nani hanohano,
O Iolani Hale Alii,
Elua maua me Kilioilani,
E lualai nei i ka ihi kapu,
Ka nohona kohu a ka ihi kapu,
Ka nohona kohu a ka mea Waiwai,
No'u o luna no'u o lalo,
No'u o na wahi a pau,
O ka hana ana ia e ikea nei.
Ke aloha hoohakukoi waimaka,
Mai na puka aloha ka ikena iho,
Ka maalo ana 'e ike ku'u maka,
I ka poe i aloha i ka aina,
I ukali ia ma na aoao,
E ka poe menehune aiwaiwa,
Ua ko ae nei ku'u makemake,
Ua hookuu ia ku'u lahui.
Hookahi puana ku'u puuwai,
O ka poe i aloha i ka aina.

Liliu.

He Inoa Wehi No Ka Lamiamaole III

Kalakalaihi kahi hapa haiole,
Kahiko ia i kw kapa mana,
E Kalani-e, e ae oe ua hewa,
I pono ou lahui kanaka,
A eia mai ia'u kou ola,
A he mana ko'u imua o lakou 'la,
E hele oe imua o Waikini,
Ilaila kou pono e hiki ai,
Ke nohona mai a na Komikina,
O na Aupuni nui o kea o,
E hoolohe i ka pono o Liliulani,
E kaupaona i ka make a me ke ola,
O ka hua o ke ola kai haina mai,
E ola o Liliu me ka lahui,
A kau i ka pua aneane,
O ke ola ia la a ke Akua,
Maha'e nei loko me ka olioli,
Hoonani ke Akua mana kiekie,
Hookahi puana ku'u puuwai,
No ka lani i aloha i ka aina.

Liliu.

He Inoa Wehi No Ka Lamiamaole IV[28]

'Anoano ka wehena o kai ao,
Ka pukana a ka la ma ka hikina
Nakolokolo ana ka paia hale,
Me he nakeke'la nak e olai,
Heaha keia e halulu nei?
E naueue nei o ka papahele,
O na pu keleawe pu kuniahi,
O Opakahelu me Loholoa,
Ka holoke mau ia i waho a iloko,
Iloko a i waho, i waho a iloko,
Lohe ia nei o ke kakahiaka,
A ka welona a ka la I Lehua,
Huli aw ma uka auwe-he-hene,
Hana ma uke keena o Keone Meana
I ka u teke u, teketeke u,
Teketkee u, teke u, tekeuu,
Uluhua i kahi mikini hana mau,
Ka holoke, ka uteke, holoke, u.

---

28. Iolani Hale. Marc. 3, 1895.

Ka Wai Oniaka[29]

He mahalo nui koʻu e noko nei,
I ka wai kaulana Oiakala,
Akea maikai ha Helena mai,
Ma ka ululaa o Kanada,
Oia no oe o ka naiu O Uo,
Ka pipii lua o ka hua o ke kai,
E ale mai ana ko alo,
O ka wai hue lani a ka Paoo,
Iluna ka wilina a ka makani,
I ka ehu poai hoopulu ili,
Puluelo iho ai e ka malihini,
Lei punohu ula anuenue,
Aoi pau ka halulu a ka wai,
Ke owe aela ke halulu a ka wai,
Ke owe aela ke haluku nei,
Ka ukuki ana iho i ka omole,
He Lohena kaʻu i ka olaola,
La akula na pua i ka huʻa wai,
Pua hoolamalamaa ia i ka ili,
O ka ehu wawae ia o Kalani,
O Liliu o Lolokulani i ke kapu

—Aihaa—

---

29. The Cairo, Washington D.C. Mar. 13, 18—.

Kamalii panapana,
Panapana hua maple,
E teke lona iho oe
I pa pona e ka ulu,
    Ko pa ne.

Kamalii hau peepee,
Peepee ma ke kuono,
Panipani puka uwai,
A ke laka haloke wale,
    Ko pa ne.

A Hilo Wau E

A Hilo wau e,
Hoolulu ka Lehua,
A Panaewa wau la,
I ka ulu Hala e,
A Haili la,
I ke kula manu e.
A Wailuku la,
I ka lua kanaka.

A Molokai au,
I ke alakahi e,
Na Hala o Nihoa,
E mapu ana la,
A Mauna Loa la,
I ke Kalaipahoa e,
A Halawa la,
Alo huli i ka makani.

Pua Iluna Ka Nohea

I.

Pua iluna ka nohea,
Ka mapuna a ke onaona,
Nawai e ole ka anoi,
I ka nani lua ole.

Hui,—

> Ina paha oe e ike ana,
> I ka oiwi o ka Halakea,
> Ika nuo ia e ke kai,
> Hemolele i ka nani.

II.

Noho aku au u mahalo,
I ka Hala o Mapuana,
Ua puia wale i ke ala,
Leha ana i ka ua loku.

Hui,—

> Ina paha oe e ike ana.

III.

E kii ana wau,
Ia pua Lehua i ka wai,
I lei kahiko no'u,
E wehi au ku'u kino.

Hui,—

Ina paha oe e ike ana.

Liliu and Eva.

Fond Delight

A flowery tribute to Melekule,
A wreath of bright and unfading flowers,
Oh is it you dear, dear one I love, thee.
Come to my bosom I'll give you protection,
There's Maile Laukii of the deep wild wood,
But Maile Kaluhea is my delight,
O do not gaze on the pua Kiele,
Tis a lovely flower but soon it fadeth,
Then turn thy bright eyes to the Libona,
Gently its tendrils twine around thee,
We call to thee, then answer will give us,
Pua Melekule is my name.

        Translated by Liliu.

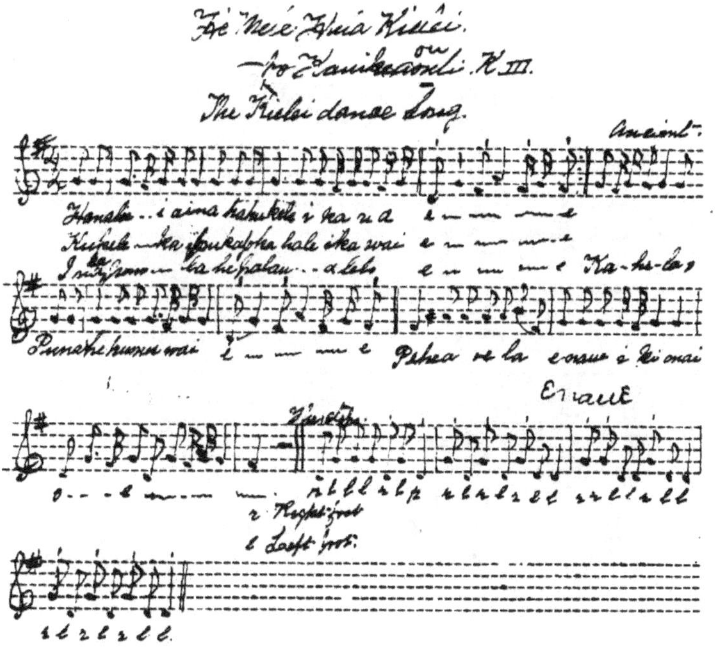
Ancient:

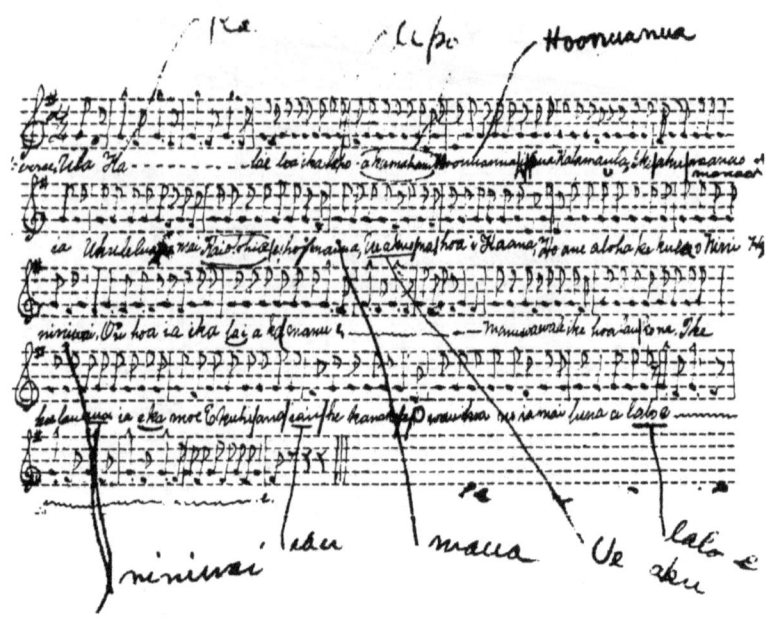

Ula Kalaeloa

II.

A Kalaihi ka haka la ma Lehua
Lulana iho la ka pihe a ke akua,
Ea mai ka Unulau o Halalii,
Law eke Koolau wahine i ke hoa la lilo,
Hoa ka Mikioi i ke kai o Lehua,
Puaia na hoa makani,
Mai lalo e—
I hoonalonalo i ke aloha pee maloko,
Hai ka waimaka hanini i waho,
Ikea 'ku no i ka uwe ana iho. . .
Pela wale no ke hoa kamalii e—e

He Inoa no Kalohelani.
Hula
He Nana
Now
Hee
honi
penei
lama
inu
inoa

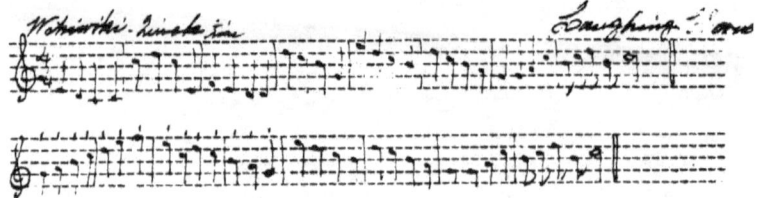

Ah You Roguey

I.

Ah! You roguey, you are laughing,
   Tis perhaps with secret mischief,
Merry eyes with gentle twinkle,
   Peeping full of merriment.

Chorus,—

    Eh he he he he hene,
    Eh he he he he hene,
    Merry eyes with gentle twinkle,
    Peeping full of merriment.

II.

So perhaps what you'd discover,
   What you think would cause such glee,
If you were just in my place,
   Think you that content you'd be.

Chorus,—

    Eh he he he he hene, etc., etc.

III.

Do not laugh at others failing,
    For its this worlds common lot,
    You may be some future day,
    Just as I am placed today.

Chorus,—

    Eh he he he he hene, etc., etc.

A Note About the Author

Lili'uokalani (1838–1917) was the last and only queen of the Hawaiian Kingdom. Born in Honolulu to a prominent chief and chiefess, Lili'uokalani was adopted and raised by a chief advisor of King Kamehameha III. Lili'uokalani was baptized as a Christian and educated at the Royal School. Declared eligible to succeed to the throne, Lili'uokalani married John Owen Dominis, an American who was later appointed Governor of O'ahu. After her brother's death in 1891, Lili'uokalani ascended to the throne, marking the beginning of a brief reign with which she would attempt to create a new constitution restoring power to the monarchy and granting voter rights to the poor and disenfranchised. In retaliation, and with the help of Hawaiian oligarchs, American led forces overthrew the Hawaiian Kingdom in 1893, bringing an abrupt end to Lili'uokalani's rule. In 1895, following the failed Wilcox rebellion, Lili'uokalani was placed under house arrest and forced to abdicate, leading to the annexation of Hawaii by the United States in 1898. During her imprisonment, Lili'uokalani wrote *Hawaii's Story by Hawaii's Queen* (1898), an autobiography detailing her life and appealing for her reinstatement as queen. In addition, while she was Princess of the Hawaiian Kingdom, Lili'uokalani wrote the popular song "Aloha 'Oe," (1878) now a symbol of Hawaiian sovereignty and identity.

A Note from the Publisher

Spanning many genres, from non-fiction essays to literature classics to children's books and lyric poetry, Mint Edition books showcase the master works of our time in a modern new package. The text is freshly typeset, is clean and easy to read, and features a new note about the author in each volume. Many books also include exclusive new introductory material. Every book boasts a striking new cover, which makes it as appropriate for collecting as it is for gift giving. Mint Edition books are only printed when a reader orders them, so natural resources are not wasted. We're proud that our books are never manufactured in excess and exist only in the exact quantity they need to be read and enjoyed. To learn more and view our library, go to minteditionbooks.com

bookfinity & MINT EDITIONS

Enjoy more of your favorite classics with Bookfinity, a new search and discovery experience for readers. With Bookfinity, you can discover more vintage literature for your collection, find your Reader Type, track books you've read or want to read, and add reviews to your favorite books. Visit www.bookfinity.com, and click on Take the Quiz to get started.

Don't forget to follow us
@bookfinityofficial and @mint_editions

www.ingramcontent.com/pod-product-compliance
Lightning Source LLC
Chambersburg PA
CBHW021148160426
43194CB00007B/743